超级沟通力

黎明◎编著

国家一级出版社　中国纺织出版社　全国百佳图书出版单位

内 容 提 要

一个人的沟通能力往往影响着他的一生。幸福的家庭、成功的事业、融洽的人际关系，无不与沟通有着密切联系。可以说，拥有良好的沟通技巧，就会使你的人生之路更为通畅。

沟通不仅仅是人的本能需要，还是一门深奥的学问。本书介绍了多种沟通技巧，能够帮助你有效改善人际关系并提升个人影响力，从此为你开启成功的职业生涯和幸福的生活。

图书在版编目（CIP）数据

超级沟通力／黎明编著.—北京：中国纺织出版社，2017.8（2023.5重印）
ISBN 978-7-5180-3772-8

Ⅰ.①超… Ⅱ.①黎… Ⅲ.①心理交往-通俗读物
Ⅳ.①C912.1-49

中国版本图书馆CIP数据核字（2017）第164325号

责任编辑：闫　星　　责任印制：储志伟

中国纺织出版社出版发行
地址：北京市朝阳区百子湾东里A407号楼　邮政编码：100124
销售电话：010—67004422　传真：010—87155801
http：//www.c-textilep.com
E-mail：faxing@c-textilep.com
中国纺织出版社天猫旗舰店
官方微博http：//weibo.com/2119887771
永清县晔盛亚胶印有限公司印刷　各地新华书店经销
2017年8月第1版　2023年5月第5次印刷
开本：710×1000　1/16　印张：15
字数：186千字　定价：68.00元

前言

沟通是人们进行思想交流，以取得彼此的了解、信任，建立良好人际关系的一种活动，是我们实现目标、满足需求、追求梦想的重要手段之一。其实，我们每一天都处在与他人沟通的过程中。比如，在家里，我们需要和家人沟通；在学校，我们需要和老师、同学沟通；在工作中，我们需要和上司、客户、下属和同事们沟通；在生活里，我们需要和朋友、陌生人沟通……沟通，真的是无处不在。人们的一生中花费了如此多的时间在进行沟通，但是，大家沟通的成果如何呢？有些人却说最令人痛苦的一件事，就是自己不被人理解，与别人无法沟通。沟通是人们用来交往的工具，运用得好，会获得好的结果；运用得不好会带来难以预料的麻烦，这是不可否认的。可以说你一生的事业，成功与否，绝大部分取决于你的沟通能力。

沟通并不单单是交流的手段，更是一种个人气质的展现。聪明人会说话、会办事，是因为他们懂得沟通技巧，因此被朋友尊敬，被社会认同，被上司青睐，被下属拥戴。一个善于沟通的人，就可以把自己的生活、工作安排得有趣、有味，不仅使他人快乐，也使自己幸福。

——想要增加你的魅力，需要沟通。

你在与人谈话的过程中，如何快速吸引对方？如何让自己魅力四射？当你懂得沟通技巧的时候，这一切都不是问题。因为，一个具有良好沟通能力的人更能在对方面前表现出大方得体的一面，更能把话说得利落干净，更能传达出悦耳响亮的声音……

——想要在职场上干得有声有色，需要沟通。

自己工作很卖力，能力也不比别人差，兢兢业业地熬了许多年，可总是不

被领导注意和赏识，在同事间也很难找到一两个可以放心地讲心里话的人，于是便常常感到孤立和不顺。这是为什么呢？其实，是你不懂得在职场中搞好人际关系，忽视了职场沟通罢了。如果能把沟通工作做好，相信你的努力定会事倍功半。

——想要化解矛盾，摆脱尴尬，需要沟通。

你有没有遇到这样的情况：与人攀谈，突然冷场，无话可说；再次见面，忘记姓名，不知如何称呼；出现误会，不去解释，矛盾越来越深……这些生活场景大家应该或多或少遇到过，不懂沟通技巧，确实难免让人有些尴尬。

……

要建立良好的人际关系，你就必须与别人进行沟通。从与邻里的沟通开始，进而扩展到上司、同事、员工，乃至于企业组织内部及外部。将这些人际关系上的关键环节一一解开，不但能设身处地地体察出别人的需要，更能一如所愿地追求自我的成长！

本书涉及沟通的方方面面，通过具体的典型案例为大家提供了一个个沟通技巧，非常具体明确地教给大家如何利用这些技巧和原理提高自己的说话水平。不过仅限于我们日常生活中所需要的谈话艺术。假如你因为沟通不好错失了公司的一单生意；假如你因为开玩笑让你的朋友陷入尴尬；假如你想要求人帮忙而不知如何开口……那么这本书也许可以供你作参考。一个讨人喜欢的人，在纷繁复杂的人生竞争中，将会占有何等有利的位置，这其中的价值你将会慢慢发现。

通过阅读和学习本书，相信读者朋友们能够按部就班地从零知识开始，掌握沟通力的精髓，发挥沟通力的作用，让自己从原本的沟通盲区中走出，成为沟通高手。此外，对于那些在沟通方面经常碰壁、不知如何改善的朋友来说，你也可以从本书中寻找到答案。请大家相信，良好的沟通力定会让你的人生大放光彩。

编著者

2016年7月

目录

第 01 章
超级沟通力：让你变得人见人爱的秘密

>>>>>>

在人际交往中，一个善于沟通的人往往能够得到更多人的欣赏和喜爱，因为他们总能够把话说到点上，并且能够用一种最舒服的方式把问题处理好。在这个时代，强大的沟通力就是你获取好命运的“保障”。想要很好地表达你的情感，就需要沟通；想要获取更多有利信息，也需要沟通；想要改善人际关系，还需要沟通；想要提高办事效率，更需要沟通；想要成就出彩人生，必须进行沟通……沟通无处不在，沟通力就是你立足社会必备的一项技能。强大的沟通力不是与生俱来的，但是只要大家掌握了一定的技巧和方法并加以锻炼，相信你一定能成为一位不折不扣的沟通高手。

让感情不断升温，你需要沟通

有一位父亲在讲述他的教育经验时说道：

我的儿子磊磊今年上初二，处于青春期的他越来越让我头疼。我不知道该如何处理我与磊磊之间的“代沟”问题，为此，我们发生过很多争吵，我一直希望磊磊能按着我所指定的道路不断发展，但是磊磊似乎极力排斥，总是偏离我所指定的轨道，我们之间简直是无法沟通。

慢慢地，我和磊磊之间的关系越来越冷漠，他什么心事都不愿与我说，我为了这个家，为了他的学业，整天在外奔波，可是我真的不明白他为何不理解我。

磊磊和他妈妈的关系还是挺好的，当我问我的妻子为何磊磊越来越不听话时，我的妻子说：“磊磊其实心里是很爱你的，可是你的全部身心都扑在了工作中，你有过跟孩子认真谈心的经历吗？你为何不试着以朋友的身份与他相处？你们之间需要沟通，要不这父子感情就越来越疏远了。”

是啊，之前磊磊总是说我不了解他的想法，不知道他需要的是什么，总是怪我忽略了这个家。通过自我反省，我意识到的确是我自身存在着问题。于是，我决定试着和磊磊做朋友，积极去寻找我们之间的共同话题。

磊磊喜欢利用课余的时间看球赛、打篮球，其实我也对体育方面非常感兴趣，只不过这几年实在太忙了，不仅要工作养家还要操心磊磊的生活学习，于

是就把自己的兴趣爱好都放下了。我觉得这是建立良好父子关系的一个好的契机。闲暇时候我就经常跟磊磊谈论球赛的事情，有时间我们也经常一起去球场上打几场球。慢慢地，我和磊磊在篮球中找到了共同语言，成了很好的朋友。

这样长时间相处下来，我和磊磊在其他的方面也找到了共同的话题，我们之间的沟通越来越多，关系也越来越亲密。在和磊磊频繁的沟通交流中，我帮助他解决成长中遇到的困难，引导他不断健康地成长，同时，我的生活也因为彼此之间的陪伴而更加丰富。沟通，让我们之间的感情得以改善并迅速升温，让我们的家越来越温馨。

在生活中，即便是最亲的人也会出现摩擦，其实这是一种正常现象。磊磊家的情况在生活中也是很常见的。处在叛逆期的孩子常常会因一点小事跟父母闹意见、和父母吵架，甚至离家出走，其实，之所以会造成这样的结果，都是因为父母与孩子之间没有进行相关的情感沟通造成的。所以，当我们和亲人发生矛盾时，应该主动与他们沟通，让彼此的情感更为牢固。

沟通，是表达情感的需要，不管是亲情、友情还是爱情，如果想要情感更为深厚、长久，这一切都离不开彼此心灵上的沟通。那么我们具体需要怎么去做呢？

1.主动沟通，切忌封锁内心

为了和家人及朋友建立良好的关系，我们要打开封锁的心理，主动与他们交心谈心，表达自己的意愿，让对方了解自己。如果什么事情都憋在自己的心里，那么你还怎样与他人相处呢？如果出现问题，我们要及时地与对方沟通，让对方明白自己的心思，不要因为自己的沉默不语让彼此之间的关系变得更加冷淡。

2.换位思考，为他人着想

如果和你的亲朋好友发生了不同意见而争执，可以进行一下换位思考，试想如果自己是对方会怎样做？这样就容易理解对方的内心感受了。

3.学会倾听对方的心声

倾听是一种极好的沟通方式，当我们身边的人因为这样那样的问题而向你倾诉时，我们要做对方最好的倾听者。

4.学会分享自己的喜怒哀乐

平时，你可以有意识地让自己看或听一些有意义的事，让自己和别人一起快乐、一起忧伤，使自己在潜移默化中获得情感分享。渐渐地，你也会把自己高兴的事、伤心的事讲给别人听，让别人一起感受你的情绪体验。懂得分享，你与身边人的关系将会更为亲近，你的沟通也会更为顺利。

沟通启示

沟通是生活中的一项重要技能，工作需要沟通，朋友需要沟通，感情需要沟通，家庭需要沟通……沟通可以让我们更好地理解别人，也可以被别人更好地理解。

获取良好人际关系，你需要沟通

据说山上有一种宝石，在夜晚可以发光。老虎大王非常希望能有这样一块宝石，于是派猴子前去寻找。这让一直等待机会想要表现自己的猴子很高兴。它因自认为有孙悟空的血统，一定可以有所作为，所以平日便不把其他动物放在眼里。

它踌躇满志地上路了。让它没有预料到的是，除了遇到高山险阻之外，还遇到了许多意到不想的障碍。比如，狮子就不允许它通过自己的领地；甚至有一头狼偷走了它的食物；狐狸骗走了它的钱财；就连乌鸦也会时不时地在它头

上拉屎。结果，宝石没有找到，反而使自己疲惫不堪。

此时，猴子才发觉如果平时和其他动物搞好关系就好了。

每个人生活在这个社会上都需要与人交流、沟通，如果你不能很好地与他人沟通，那就很难建立良好的人际关系，那么你生活的道路就会格外艰难。故事中的猴子平日里从不把其他动物放在眼里，不屑与它们进行沟通，最终在动物界混得一塌糊涂。

刘俊华所在公司要派人去参加同行业的年度会议，其实，这样的会议并不受大家的喜欢，内容枯燥乏味，沉闷冗长，故使得众职员望而却步，退避三舍。在大家眼里这种会议简直就是浪费时间，由于没有人愿意前往，这令公司的老板伤透了脑筋。这时，刘俊华主动提出去参加会议，同事们都笑他傻到家了。但是刘俊华却认为，这类会议虽沉闷，但却是同行俊杰的大聚会，趁这个机会，多结交些同行，多联络一下感情，可以充实自己的人脉网。刘俊华觉得，良好的沟通能够让自己的朋友越来越多，这些朋友的存在一定会让自己的事业越来越顺利。刘俊华是真正的聪明人，他用公司的时间、公司的荷包去编织自己的关系网，成为事业提升的一大秘诀。通过这次会议，老板对刘俊华刮目相看，越来越器重他，同时在会议中刘俊华通过沟通认识了很多商场上的朋友，不仅增长了见识，还扩大了人脉，可以说收获是非常大的。

在人际交往中，如果你是一个沟通高手，那么你交际成功的胜算就非常大。那么，对于一般人来说，如何才能做好沟通呢？

1.对沟通的目的有个明确的认识

在人际交往中，你应懂得两个方面的角色运用：一是角色互换，二是角色创造。有些人不懂得把握角色互换的原理，因此常常习惯于从自己的角色出发来看待自己和别人的行为。

2.敢于沟通，用良好心态对待他人的拒绝

拒绝了又能怎样？谁能保证每一次开口都能取得成功？所以说，放宽心

态，脸皮厚一点无所谓。我们不要怕被人拒绝，关键不在于有多少人拒绝你，而在于你有没有把你的想法说出来。不管别人说什么，只要你对别人说出了你的想法，这就是一种进步。

3.小事也可以有大影响

良好的人际关系需要时常的沟通来巩固，即便是熟人我们也不要忽略。在熟人生日时送上鲜花或是发出一个祝福的电子邮件，在朋友结婚或是生育时也要及时送上祝福，当你获知老同事取得成功时，不要忘记祝贺他。最终你会发现自己也会收到一些意想不到的祝福。

4.让沟通的次数不断增加

一位优秀的推销员曾说道："每次去拜托客户的时间应尽量减短，但要增加拜访的次数，每次都重复同样的话题，但要尽量缩短沟通的时间。"所以说，我们对人际关系要忠诚。保持和对方的联系，即便是对方和你目前的工作完全没有联系。只有当你在时机好的时候维护好你的人际关系、时常保持沟通，才能在不顺利的时刻获得对方的帮助。

5.真心关怀，让关系升温

真心的赞美能使对方得到一定的满足，使人精神愉悦，从而对你产生好感，而真诚的关心则会令他人感动，迅速对你的感情发生质的升华。

沟通启示

沟通其实需要极大的勇气和自信，许多人不沟通是因为害怕被拒绝，认为反正不会有用，或自己的意见不重要，对方不会重视。也许会有失败，但人生没有一定能成功的事。如果有一定能成功的事情，那件事也绝对不值得你花太多的力气。有勇气的人宁愿冒险去了解别人，和别人沟通。

成为团队的佼佼者，你需要沟通

沟通，可以与人达成共识，让人们更好地合作。一个拥有良好沟通能力的人在工作上比其他人更为顺心，工作效率也一定很高。在这个竞争激烈的社会中，我们需要学会与别人进行有效的沟通与合作，因为有效的沟通是成功的第一步，不仅在人际交往中，在以后的工作和学习中都需要有效的沟通与合作。

米莉毕业那年，到一家外企的销售部门做销售员，这家企业的待遇非常优越，发展前景也是一片大好，刚去公司没多久，米莉就暗下决心一定要对得起这份工作，处处要求自己拔尖。年终考核时，米莉的业务量在同期入职的应届生中遥遥领先，受到了领导的一致好评。不久，米莉就成了整个办公室的顶尖人物，她的表现非常突出，有时她为了显示自己的能力，不惜包下一个组的工作来“单挑”。

米莉表现出众，这是大家有目共睹的，但是毕竟刚来没多久，米莉也算是公司的新员工，经理多次对她说：“米莉呀，你真的很能干，成绩也很突出。但是你毕竟来公司不久，是否有什么不懂的地方需要我们帮助呢？”

“谢谢经理，没关系，相信我一定能做好的，请您放心！”听到经理的称赞，米莉干活儿的劲头更足了。可唯一让经理感到遗憾的是，米莉工作能力虽然很强，但是有一次，她不但没有按公司的要求如期完成任务，而且还差点让公司失去一个大客户。而她失败的原因，就是不善沟通。

这个工作是经理特意让米莉做的，那天，经理因为临时出差，就把一项重要的工作交给了米莉，因为这项工作确实重要，主管一再叮嘱米莉，要先向其他同事了解一下客户的情况，再和客户沟通，这样更有利于工作。

过了些日子，经理出差回公司时，立刻被老板叫到办公室批评了一顿。原

来，米莉的工作出问题了，因为她与客户没有沟通好，导致这个大客户拒绝了与他们公司的长期合作。幸好老板亲自出面，才算勉强留住了客户。

经理很惊讶，因为在他眼里，以米莉的工作能力，是完全可以胜任这项工作的啊。为了弄明白原因，经理找到米莉问情况，米莉的一句话，让经理大失所望。

米莉说："经理，这个客户真的毛病太多了，简直不可理喻，我从来没见过这样的人，我实在没有精力和他周旋下去了。"

经理说："你不要把责任推到客户的身上，你为何不审视一下自己哪里做的不好呢？临走之前我就告诉过你让你事先了解一下客户的具体情况，在沟通之前先到其他几位同事那里多了解一下客户的情况嘛？"

米莉不屑地说："不是这样的，你说的那些同事，和我一样是刚进公司的，他们的能力连我的一半都不如，我和他们说不上几句话就会吵起来的。"

听了米莉的话，经理感到非常的失望，他说："对于销售而言，光有能力是远远不够的，想要成为一个成功的销售者，你必须首先让自己成为一个沟通高手。"

半年以后，经理调离到其他岗位，米莉心想："这下付出该有回报了，我肯定是升职的不二人选。"

然而，米莉并没有得到公司的提拔，公司选了一位能力明显低于她的同事。米莉很气不过，跑去向老板问个究竟，老板说："这个职位需要有团队合作精神的人，而不是单打独斗，并且善于向他人学习、整合各种可以利用的资源，所以你并不适合这个岗位。"

无论团队的大小、规模，任何的决策和协作都是通过沟通来达成的。团队里的每个成员或许都会各抒己见，发表自己的看法，而每个人的看法，无非是让整个团队朝着最佳的道路前行，离目标和梦想更近一步。那么，想要在一个团队中变得更为出色，我们需要具备怎样的沟通力呢？

1.切忌狂妄自大

太过于注重自身利益，以自我为中心，就会忽视甚至侵犯他人利益。只有统筹兼顾、注重集体利益、合作共赢才能长期合作，获取更多利益。所以，我们一定要避免上文中米莉的行为，不要不把别人放在眼里，要学会听取他人的意见，多与人沟通，这样才能在职场上少走弯路。

2.学会尊重，为他人着想

一个懂得尊重他人的人才能赢得他人的喜爱，一个为他人着想的人才能交到更真心的朋友。我们一定不要轻易伤害别人的自尊和感情，不要贬低别人的人格，多多为他人考虑。

3.注重感情投资

许多杰出人士之所以被能力不如自己的人击垮就是因为不善于与人沟通，不注意与人交流，被一些非能力因素打败。所以，我们在工作中一定打好感情牌，为自己的前程铺好道理。

4.提高自身修养

一个人的修养不仅在工作中非常重要，在生活的方方面面都会为你的形象加分或者是减分。所以说，我们一定要懂得提升自我修养，学会控制自我的欲望与言行，把自我利益的满足置身于合情合理、不损害他人的基础之上，做到把关心分点给他人。

5.能力固然重要，但情商也不可忽视

两种美好的品德集中一个人身上，敌手就不能轻视你的存在，何况是职场中的同事，不要吝啬对同事的赞美。因为赞美同事，自己不会失去什么，反而会得到积极的回应。

沟通启示

日本“经营之神”松下幸之助有句名言：“企业管理过去是沟通，现在

是沟通，未来还是沟通。”朋友们，不管是工作，生活，人生的方方面面，我们一定要倍加重视沟通的影响力。一个职场高手必是沟通的高手，能让自己和上司、下属之间交流顺畅，并获得对方的支持和配合，从而更加有效地开展工作，这就是卓越沟通能力的最好证明。

追求更高的效率，你需要沟通

有人说，沟通是促进社会发展的最关键因素。自然人作为社会构成元素之一，不脱离集体的唯一方式就是“沟通”。沟通让一个团体中的自然人能够互相了解彼此的想法，让大家的思想达成一致，最终让工作效率得到大大地提升。总之，想要你的工作、生活甚至人生更为高效地运行，就必须让自己成为一个懂得沟通的强者。

邢敏与王强在同一家公司上班，邢敏性格和善，公司里的人都非常喜欢她，但是王强却脾气暴躁，很多人都不愿意与他合作。最近经理安排下来一个项目，这个项目由邢敏和王强共同完成。这时，公司的其他员工都私底下说邢敏与这个家伙合作简直是倒大霉了。但是邢敏却不以为然，一笑置之。王强平日经常与人发生冲突，但这次与邢敏合作却很少发生激烈地争执，这是因为邢敏是个善于沟通的人，邢敏说：“我从不会在王强生气的时候火上浇油，不管他当时多么气愤，我都会微笑地面对他。只有这样他才会很快地平静下来。王强是个急脾气的人，有时会气得发抖，可我会轻声劝他，然后用最温柔简单的话告诉他做一件事是为了最终目标，而发怒对事情毫无益处，还会带来一些不良的后果。虽然，王强有时嘴上不服气，但还是会听我的告诫。面对他的急躁，我选择用微笑去暗示他事情并没有他想得那么糟糕，这样会让他的心理压

力减轻。有些时候，当微笑没有效果时，我会用严肃的语气警告他。不过我不会选择和王强吵架，这是不明智的。当我偶尔拉下脸时，王强也会感到很意外，然后认真思考引起争执的原因。”

周二中午，王强和邢敏刚做完市场调研回到公司。王强希望邢敏在一个小时内做完分析报告，可是报告还没有做完，王强就在一旁不停地催促。

邢敏每次都微笑着说：“您先别急，我认真研究一下，一会儿就好。”终于王强失去了耐性并发起脾气，责备邢敏做事总是这么慢。邢敏不急不躁地微笑着说：“王强你听我说，你需要的是一份真实反映市场情况的以数据为依据的报告，还是一份没有根据的报告？如果是后者我可以立即给你，如果是前者可能还需要你耐心等待。对数据的计算分析需要时间，而且为了保证分析的正确性，希望你不要总是打搅我，谢谢你的合作。”听完这番话，王强默不作声。

邢敏一直在认真地工作，可是工作的过程中却遭到王强粗暴地催促与打断，心情一定比较烦躁。如果邢敏冷言相对或是加以讥讽，一场争吵将会不可避免地发生。这样，工作不但没有进展，反而会延误，以后的合作也就更难进行，相反，邢敏这一番和言善语不但化解了自己被打扰的困境，也有力地反驳了王强的急躁心理，争取了与王强继续合作的可能。

其实，王强也是一个能力不错的人，通过与邢敏的合作，王强也认识到了自己的问题所在，两个人积极沟通，互相帮助，经过一番努力，在很短的时间就完成了这个任务，工作效率非常高。最终，由于这个项目的出色完成，王强和邢敏得到了领导的赞赏。

工作上追求互利共赢、团结协作，但这一切都离不了“沟通”，那么想要追求更高的工作效率，我们该做好哪几点呢？

1.学会与各种人打交道

为了有效工作，你必须学会跟不同的人打交道。人和人之间的做事方式肯

定存在着差异，我们必须了解如何采取最有效的方式来与他人进行沟通。人类的行为并不是完全无章可循的，通过观察他人行事的风格，就可以找到沟通的最佳方式。

2.不要蛮干，有需要就说出来

如果当你觉得工作量过大，超出了个人能力时，不要一味投身于工作中蛮干。要知道，不说出来的话，老板是不会体会到你的负荷已经到了警戒线的。这也不能怪他，老板又如何能体会到下属执行过程中的难度与苦衷呢？所以，当你的工作超出你的能力或者是你需要他人协助的时候，你要敢于说出来，用最积极的方式与领导进行沟通。

3.面子做足，意见不一致也不要伤了和气

我们要明白，这世界不是全属于自己，也不可能只有自己是对的，若团队没有交流沟通，就不可能达成共识；没有共识，就不可能协调一致，产生默契；没有默契，就不能发挥团队作用，也就失去了建立团队的初衷。因此，当我们与同事意见不一致的时候，要以礼待人，即便真的是自己对的，也要学会给对方留面子，耐心讲解自己的看法，当他人明白你的用心之后，一定会对你更为尊重、敬佩。

4.心态要好，与人为善

想要更好的与人合作，你就要懂得保持良好的心态，与人为善，谦虚谨慎，千万不要由着自己的性子，动不动就对人发脾气，那样没有人愿意与你打交道。人在社会上要学会收敛自己的脾气，因为每个人需要获取别人帮助的地方有很多，如果我们自傲自大得罪了人，那当我们遇到难处的时候也没人愿意伸手。所以，想要让工作更顺心，让工作完成的更出色，我们一定要积累好人脉，在互帮互助中使自己不断成长。

沟通启示

如果一个公司的领导及员工都能认识到沟通的重要性，做到遇事积极沟通，那么这个公司的整体效率也一定极高，公司的工作氛围也是愉快而轻松的。沟通创造和谐，沟通赢得人心，沟通能够凝聚出一股士气和斗志。而这种士气和斗志，就是支撑企业大厦的中坚和脊梁。有了这样的中坚和脊梁，必定人心所向，企业蓬勃发展！

获取更多信息，你需要沟通

丁小旭和秦勇两个小伙子去应聘采购岗位，考官让他们去打听茄子的价格。

丁小旭回来说，菜场上的茄子都卖完了。考官说，那你看看还有没有白菜？于是丁小旭就又回到菜场，看到有白菜就回来说，菜场上有白菜。考官又说，白菜多少钱一斤啊？丁小旭又回到菜场，问清白菜的价格回来报告。此时的丁小旭已经累得满头大汗。秦勇同样到了菜场，茄子已经卖完了。但秦勇没有急于回去，看菜场上还有白菜卖，就问了白菜的价格，观察了白菜剩余的数量。顺便在买了几个白菜的同时，问了下菜场的小贩，茄子怎么这么快就被卖光了，最近几天茄子都像今天一样销的很好么？这几天茄子都卖到了什么价格？回去后，秦勇向考官汇报道："今天的茄子在我到达菜场的时候，已经卖光了，最近一周时间，由于前段时间居民大量购入茄子，使得茄子市场销量有所下降，茄子的价格也小有下降，利润太薄，又难销售，小贩们就不喜欢多囤积茄子了。市场上卖茄子的也少，所以很快就被卖光了。如果这种情形一直持

续下去的话，我们倒是可以购进一批茄子，一则现在茄子处于价低位，二则现在市场储备量较小。现在我们需要了解和解决的是进一步获得些资料，以确认下茄子是不是价格还会降低，市场的储备量和居民家中茄子储备量的比例，以备我们参照购入茄子的时机和数量。如果确定下来购入茄子，那么我们还需要解决的是茄子的存储问题、运输过程的问题以及保存过程中由于腐烂和水分蒸发所带来的损耗是多少的问题。另外，市场上还有另外一样居民越冬常备的蔬菜——白菜。白菜在市场上货源很丰富，菜场上卖白菜的小贩有六家，根据和小贩的攀谈，他们每家还囤积了大批量的白菜。因为大小种类的不同，价格区间从五毛到一块，我还选了三个小贩买了三种不同价格的白菜作为样品带了回来。”

同样的面试，为何丁小旭和秦勇的差别就如此之大呢？秦勇是怎么获取如此多的信息的？很显然，是因为他有着强大的沟通能力，如果不懂沟通，他不可能打听到如此多的信息。正因为秦勇懂得与小贩“闲聊”，他才能给面试官提供如此多的消息。

从上面的案例我们可以看出，沟通是获取信息的重要渠道，在搜集信息的道路上，我们该如何去有效沟通呢？

1.学习沟通知识，积极主动沟通

要想在合作中做好沟通，就应事先通过自我沟通管理，学习一些沟通的知识。这是对合作沟通抱有积极态度的表现，也是想要成为一位成功者应该主动去做的。有意识地了解团队中合作对象的沟通风格，创造良好的谈话氛围，从而更好地实现团队合作目标。

2.学会听“话”，从沟通中挖掘信息

沟通要有成效，不是一味地絮絮叨叨，也不是人在心不在的应付，我们要从沟通中学到东西，让沟通有所得，就一定要学会听话音，从沟通中获取有利信息。倾听是一种能力，也是一种修养，一个懂得倾听的人才有时间和精力整

理出最有效的信息，增长自己的能力。

3.学会分享，信息容量将会更大

沟通本身就是一个分享的过程，通过沟通，使对方能够了解彼此所获取的信息;通过沟通，使对方了解自己所持的观点和态度。两个独立的人，因为沟通而产生联系，更可以通过沟通形成共同的认识和团结的力量。在工作及生活中，我们要懂得与人分享，分享讯息，分享喜悦，分享心得。通过分享，我们会收获情感，有了情感，就更有利于沟通，沟通顺畅，信息自然就会更多。

4.及时肯定，你将收获更多信息

沟通中的肯定，即肯定对方的内容，不仅仅只是说一些敷衍的话。还可以通过重复对方沟通中的关键词，甚至能把对方的关键词语经过自己语言的修饰后，回馈给对方。这会让对方觉得他的话得到了你的认可与肯定，对方将会有一种高兴的心理，进而会为你带来更多的资讯。

沟通启示

想要获取信息、实现信息的高效利用，我们就离不开沟通。沟通是双方进行信息互动的过程，很大程度上可通过自我管理进行控制。通过自我管理，我们可学习对方的沟通风格，并找到相应的沟通对策；我们也可以在沟通中积极倾听，让沟通畅通、有效，从而改善合作的效果。

第 02 章
认知沟通力：沟通力即竞争力

》》》》》

沟通是开启人类心智的金钥匙，是人类灵感的碰撞、意识流动的大门，是人类合力的放大器。一个人要获得事业上的成功，就必须学会与他人合作，必须致力于有效的人际沟通。有道是："好风凭借力，助我上青云。"沟通，是立足社会的关键竞争力，我们一定要认识到沟通的意义，从此时此刻起，学会改变自己，强大自己，不断增强自己的沟通力。

培养良好竞争力，从沟通起步

如今社会优胜劣汰，想要站稳脚跟并在竞争激烈的大环境下处于不败之地，我们必须具备一种能力，那就是沟通力。

那么何为沟通？又何为沟通力呢？沟通是通过信息、思想和情感的传递，达成共同协议和共识的过程。沟通力则是指人们在沟通中所具备的能力的总称，沟通是沟通力得以发挥的基础，沟通力是沟通中必备的能力。没有好的沟通力，就无法实现有效沟通。所以说，培养良好的沟通能力对于我们的一生至关重要。

通用电气公司（GE）的前CEO杰克·韦尔奇就十分注重公司员工之间的沟通。韦尔奇认为，有效沟通对一个企业十分重要，真正的沟通不是演讲、文件和报告，而是一种态度，一种文化环境，是站在平等的地位上开诚布公的、面对面地交流，是双向的互动，只要花时间做面对面地沟通，大家总能达成共识。

韦尔奇至少有一半的时间花在与员工相处上，认识他们，和他们谈论问题。他至少能叫出1000名通用电气员工的名字，知道他们的职责。他说："人类的思想创造是无限的，你只管与他们交流就行了。我不喜欢效率这个词，我喜欢创新。我确信每个人都很重要。"

韦尔奇在通用电气公司建立起非正式沟通的企业文化。每个星期，他都会突然造访某些工厂和办公室；临时安排与下属经理人员共进午餐；工作人员还

会从传真机上找到韦尔奇手书的便笺，这些便笺有给直接负责人的，也有给小时工的，无一不语气亲切而又发自内心，蕴涵了无比强大的影响力。韦尔奇写这些便笺的目的就在于鼓励、激发和要求行动，同时表明对员工的关怀，使员工感觉到他们已经从单纯的上下级关系升华为朋友与朋友之间的关系。GE动力系统的商务经理约翰这样表达他对韦尔奇的印象："我一点也感觉不到与韦尔奇有距离，这是你与CEO之间没有任何阻隔的交流，你随时会收到韦尔奇的e-mail，每个GE员工都曾为收到韦尔奇电子签名的e-mail而惊喜，但后来会感到很自然，因为他会经常把对公司的看法直接告诉你。"这种非正式沟通让每个员工感到了韦尔奇无处不在的力量。GE塑料纽约曼哈顿厂的人力资源经理王建这样描述他在第一次见到韦尔奇后，个人价值观的改变："韦尔奇来曼哈顿厂参观，当这个管理着4000亿美元的人走过来，伸出手对我说：'你好，我就是杰克·韦尔奇'时，我的感觉是我的自信心马上就强大起来了，我对自我价值的认识同时也提高了。"

善于沟通的韦尔奇，领导通用电气公司创造了从旗下仅有照明、发动机和电力3个事业部在市场上保持领先，到通用旗下12个事业部在市场上均数一数二的传奇；通用电气公司的市值也超过了4000亿美元。韦尔奇因此被誉为"20世纪美国最伟大的职业经理人"和"全球第一CEO"。

看完韦尔奇的故事我们应该深受启发，我们也不禁感叹，沟通在一个人的一生中竟然有如此大的影响力！不管我们之前对沟通能力处于何种层次的认识，希望从此刻起我们一定要对此有一个深刻的领悟和觉醒，然后在生活中、学习中有意识地努力提升自己。这是一个非常重要的思想起点。

强大的沟通能力不是与生俱来的，但是它可以通过修炼而获得。

1.用词准确，保证对方能听懂你的意思

用对方能听懂的语言，这是非常重要的。如果你在与人沟通的过程中不注意对方是否能够听明白你表达的意思，只是一股脑的灌输你的思想，那么即便是已经进行了沟通，你的成果又体现在哪里呢？其实，沟通最好用简单的语言、易懂的言辞来传达讯息，而且对于说话的对象、时机要有所掌握，有时过分的修饰反而达不到想要完成的目的。

2.沟通的过程中要懂得有所回应

沟通是双方之间互动交流的过程，并不是一个人的独白，所以在沟通的过程中我们一定要保证投入到对方的话语中，不要面无表情或无动于衷，这样显得很不礼貌。这个互动的过程无非就是两方面：一是让别人了解自己；二是让自己了解别人。想让别人了解自己，就要提高自己的表达能力、倾听能力、应答能力及提问能力。

3.沟通的结果要明白

沟通是一个互相表达、互相理解的过程，过程被理解后，明明白白的结果才是沟通的最终目标。其实，并不是所有的沟通都是成功的、令自己满意的，即便是沟通高手也不能确保这一点，但是我们能做到的就是让沟通的结果明了，让双方可以接受，否则就失去了沟通的意义。也许我们碰到过这样的实际情况：你收藏了很多的画册，而且无比喜爱它们。同样你一个朋友也喜欢你的画册，并且想要跟你借。可是你知道你这个朋友平时特别邋遢……怎么办？不借，不好意思；借，对不起自己。仔细想想，不难处理，因为“不借”与“借”两种结果，都是你朋友意料中的，都是他能接受的。你可以坦诚表明你的想法：我相信你能珍视这些画册，如果你不好好对待它们，那你将失去我的信任；如果你能好好对待它们，那我会与你共同分享。

沟通启示

管理者必须设法借助他人之臂方可善行其事，这就意味着你管理着你所需要的或赖以完成管理工作的人力资源。不同的领导都有自己的领导模式，当管理者与员工进行沟通时，领导模式会对沟通的方式产生影响。

事业高升离不开强大的沟通力

卡耐基说："与人相处的学问，在所有的学问中应该是排在前面的，沟通能够带来其他知识所不能带来的力量，它是成就一个人的顺风船。"处世沟通艺术是成功者必备的素质。能不能与别人很好地沟通，决定了一个人的生存质量。

王子航大学毕业后，看到电脑销售领域很有发展潜力，因此他就联系了几个在社会上混得比较好的朋友，希望他们能在自己创业的道路上给予一定的帮助。王子航的朋友当时是比较犹豫的，他们认为王子航刚刚毕业，完全不了解社会行情，而且是一个刚刚踏入社会的"穷小子"，觉得他把赚钱想的太简单化，因此都不愿意赞助。面对这样的不利状况，王子航拿出了他在大学担任学生干部所锻炼出来的沟通本领，反复向他们陈述自己的构想，说明近几年当地人收入水平不断上升，很多人想学电脑、买电脑，可是这个地区卖电脑的店铺只有几家，而且服务不好等情况。王子航将自己的计划、建议、以后的公司发展规划等都向大家详细说明了以后，看他说得有道理，并且考虑得非常周全，于是就有人把资金借给了他。拿到这笔钱后，王子航按自己的计划创办公司，销售业务不断上升。

结果没几年的时间，王子航果然做出了一番事业，他不仅把借朋友的钱全部还清了，经营的公司规模也在不断壮大。

面对当时刚毕业一穷二白的现实，王子航没有气馁，而是通过自己的沟通顺利拿到资金创办了公司。假如当初没有与投资人有效地沟通，他就不可能有后来的成功。可见，沟通可以为自己创造机遇，还可以改变他人的想法，影响他人的行动，激发他人的士气，等等。

那么，从王子航沟通成功的案例中我们学到了哪些沟通技巧呢？

1.要有自信，让别人相信自己

一个人想要达到成功说服别人的目的，首先自己必须要有绝对的自信心，否则你自己都抱着不确定、不自信的态度，别人怎么可能相信你，你的沟通结果又怎么可能会成功呢？所以，我们在言谈举止中要给对方一种坚定的力量感，让对方放心你，肯与你合作。

2.说话要有理有据，以理服人

如果在沟通的过程中我们无法说出让别人帮助你的道理在哪里，那么别人该怎么帮你呢？即便再好的朋友也不能毫不知情地借一大笔钱给你吧？所以在沟通的言语表达上一定要说出自己的观点，表明自己这样做的道理在哪里，让对方明了自己的想法，这也是对他人的一种尊重。

3.态度诚恳，用心沟通

让人感受到你的真诚，是成功沟通必备的一点，相信大家都不愿意与一个不坦诚的人交流吧！当他人对你的行为不理解的时候，你所能够做的就是要耐心地与对方沟通，当你不能说服对方，甚至被人抢白的时候，也不要生对方的气，更不能生自己的气。

要做到态度诚恳、实事求是，不要夸夸其谈，弄虚作假。即使对方提出的要求自己不能接受，也应用委婉地语气加以解释，以求保持良好关系，不致损害以后的来往。

所谓成功的人士，无一不是沟通的佼佼者。他们喜欢与人沟通，并努力学习做个成功的沟通者。由于他们拥有比平凡者更高明的沟通能力，受人赏识，崭露锋芒的机会就自然比一般人多了许多。

沟通启示

曾经获得两次诺贝尔奖的生物学家桑格在谈到自己成功的秘诀时说：“是善于和别人沟通，使我开阔了眼界和思路，最大限度地吸收了别人的智慧，才

使我有如此荣耀。”从中我们不难看出，桑格之所以能取得如此大的成就，在社会中占据如此地位，同样离不开强大的沟通能力。我们一定要认识到沟通的重要性，在生活中不断学习，让沟通成为自己的强项，加速自己的成功。

良好交际，怎能离得开沟通

有这样一个故事：

古时候，一个秀才去市集买柴，他对卖柴人说：“荷薪者过来。”

卖柴人左顾右盼，并没有听懂秀才说的话，只是愣在原地未动。

秀才摇了摇头，走上前去，问：“其价如何？”

卖柴者还是听不懂，试着问道：“你是在跟我说话吗？我的柴非常便宜，两文钱一担。”

秀才摸了摸木柴说：“外实而内虚，烟多而焰少，请损之。”

原来，秀才想和卖柴者讨价还价，说木柴外面是干的，可里面还有些湿。要是燃烧起来，火苗小浓烟大。

可是卖柴者根本听不懂这番话，一气之下挑起担子走了。

这位秀才很有学问，可谓博学多才，可是他却连基本的沟通能力都没有。因此，即便满腹诗书，连买柴火这点事也是完成不了的。沟通是讲究技巧的，也要分场合与人群的，否则你的语言也就只有你自己能听懂。秀才与卖柴者的沟通障碍不正说明了这一点吗？

沟通影响交际，如果不懂沟通，往小处说，连基本的生活小事都应付不了，往大处说，直接影响你的人际圈子，不懂沟通就很难在人际交往中立足。

沟通良好，能够促进人际关系的和谐；沟通不良，就会促使人际关系变坏。人际关系不太好的人最好先培养沟通的能力，以期弥补自己的缺失。

拥有良好的沟通能力，促进人际关系和谐，就必须注意以下几点：

1.沟通语言有讲究

沟通过程中运用最多的就是语言，不需要追求华丽的辞藻，语言朴实、真诚、言简意赅恰恰能起到画龙点睛的妙用。

2.沟通中要懂得适时地赞美他人

马克·吐温曾说："我可以靠别人对我说的一句好话，快活上两个月。"这是极有意思的。其实，人与人之间又何尝不是如此呢？既然我们的一句真心话语就可能暖人心曲，扬起失意人希望的风帆，那么我们何不一试呢？须知，这也是在帮助我们自己呢！

3.沟通要懂得互动

进行沟通的时候我们要懂得互动，不能一言不发，这是很不尊重他人的表现。比如，适当运用"哦，原来是这样，我明白了。""对，确实如此。""恩，好，我非常赞同您的观点。"等诸如此类的语言，不但能给予对方鼓舞，而且还能让双方尽快地达成共识，以便顺利促成事情完成。

4.沟通时要明确地表达你的观点

良好的沟通是双向过程，它仰仗你能否准确抓住对方的注意力，并正确表达你所要阐明的事情。只有做到这些，才会给对方留下完美的印象，获得成功。

人与人之间的沟通对于我们来说并不陌生。工作时，我们与同事、与客户沟通；在家时，我们与父母、与配偶、与子女沟通；平常的时候，我们会与朋友沟通，也可能与陌生人沟通，沟通无时无刻不在生活中进行着。

沟通启示

人际关系是依靠沟通而得以发展和丰富的，由于有了沟通，人与人之间才

会相互理解对方的价值，才会相互承认，共同感受生活的喜悦。沟通是每个人在生活中经常遇到的问题，人与人之间要达到良好的沟通并不是一件难事。只要有意识地培养自己的沟通能力，便能建立一个轻松、和谐的沟通环境，才能与对方的意见达成一致，实现沟通的预期目的，迈向成功。

影响沟通的几个心理因素

静静今年二十五岁了，外表看起来很讨人喜欢，但是跟她谈过话的人，却总会说，静静全身散发着一股冰冷的味道，这或许夸张了点，但是静静那难得一笑的脸庞，的确令人颇感疏远。

上班的时候，静静给人的印象是安静、深沉的，大家不知道怎么跟她交流。有时候大家一起谈话的时候也跟她聊一些生活中的事情，可是又会被她出奇平淡的反应给打住了。

虽说如此，但是静静做起事来依然有板有眼，能干可靠，不过她却不喜欢身居高位，有几次领导想提升她，都被她婉拒了。

这段时间，静静好像变得更加沉闷了，在同事看来她的心情不是很好，有点伤感又有点压抑，总是皱着眉头。每天来到公司她也很少与人打招呼，坐下就扑到了工作中。仿佛对外界的一切活动都提不起劲，这些情况公司同事看在眼里，很为她担心。

静静就属于心理存在一定程度问题类型的人。这类型的人不愿与人打交道，不愿意与人沟通，因此，她的人生道路必定会有许多曲折。

人要想很好地生活在这个社会上就不可能不与人打交道，长时间的自闭对于一个人的身心是极为不利的，所以我们必须要学会沟通。现实生活中，有些人之所以不愿意与人沟通，很大一部分原因是由于心理素质不过硬。怎样才能提高心理素质，开始积极的人生呢?

1.克服孤僻心理

孤僻心理是指将自己与外界隔绝开来，很少或根本没有社交活动。除了必要的工作、学习、购物以外，大部分时间将自己关在家里，不与他人来往。孤僻者不随和、不合群，独来独往，沉默寡言，内心封闭，孤芳自赏，自命清高。

对于怪癖型和性格型的孤僻者，是由于患有某种心理疾病（如社交恐惧症），有的甚至带有病理性质，这样的人需要的是专业的心理治疗。经常参加社交活动，增加与他人交往的频次会对这些心理疾病的治愈起到促进作用。

2.克服自卑心理

自卑，即一个人对自己的能力作出偏低的评价，总觉得自己不如人，悲观失望，丧失信心。在心理学中，自卑属于性格上的一个缺憾。在社交中，具有自卑心理的人孤立、离群、缺乏自信心和荣誉感。

在与他人沟通时，我们要学会调整好心态，把自己放在与他人平等的位置上，用自信去面对生活中的每个人和每件事，这样工作和生活才能真正变得丰富精彩，朋友才会越来越多，我们的心理才会更加健康。

3.克服羞怯心理

羞怯心理障碍一般多表现在两个方面，一是害羞，二是胆怯。一般表现在口语交际中，如有的人在交谈时手足无措，不知所云，吞吞吐吐。这一类人容易在一些公开场合的语言交际时感到紧张和恐惧，因此，这些人往往回避与人交谈。

逃避不是办法，所以多给自己一些信心和勇气，你就会发现自己其实是很出色的。你要鼓励自己面对问题，克服胆怯。每个人几乎都曾经有在众人面前发表意见的经验，也可能怯场过。因此，克服恐惧最好的方法就是——接受你必须面对的情况。

4.克服猜疑心理

所谓猜疑心理，就是无中生有地怀疑别人，对别人感到不放心。如果说嫉妒大多存在于与自己相似或相临近的人的交际中，羞怯大多存在于与陌生人的沟通中，那么，猜疑则大多存在于与自己有密切关系的人的交际中。

对于克服此类心理我们要从这几点做起：第一，培养理性，防止感情用事。第二，培养自信心。第三，加强交流，拉近心理距离。第四，完善个性品质。第五，学会自我安慰。了解是信任的基础，信任是感情的纽带和猜疑的坟墓。和他人之间应该好好沟通、相互了解、相互信任，在情感上产生共鸣，逐步消除猜疑心理。

沟通启示

气质也是影响沟通的心理因素。有些人性情暴躁，容易动怒，有些人生性腼腆，不爱交际，这些都会影响信息的交流。总之，影响沟通的心理因素有很多，要想与他人建立好的联系，在社会中树立良好的形象，我们就要学会克服自己的不良心理，避免其给自己的人生减分。

学会尊重，让沟通更顺利

对别人的尊重能看出一个人的修养与品行，如果你不懂得尊重他人，那也没有人会尊重你。良好的沟通，是建立在互相尊重基础之上的。无论是什么样的关系，即使是上下级之间，如果一方居高临下，都是教训、质问的口气，那么，另一方就不可能敞开心扉，推心置腹地与其交流，甚至会直接反驳、顶撞。因此，要有良好的沟通，就必须互相尊重。

苏东坡留下这样一段趣闻。一天，苏东坡和一个和尚在一起打坐。中途的时候，和尚就问苏东坡说，“你看我打禅像什么？”苏东坡心里盘算了一下，没有直接回答，只是反问和尚说：“那你先说，我打禅像什么？”和尚看着苏东坡，说：“你打禅的样子很像一尊高贵的佛。”苏东坡听了和尚的比喻，很高兴。这个时候和尚又问了：“那你现在可以说我像什么了吧？”苏东坡想要恶作剧，所以就说：“我觉得你打禅像一堆牛粪。”和尚听完苏东坡的形容，并没有如苏东坡想象的一样反驳他，只是淡淡地笑了一下。

苏东坡就更加得意了，回家就和苏小妹说起这个事情，苏小妹大笑哥哥的无知。苏东坡觉得奇怪了，为什么呢？小妹说：“佛眼中才是佛。人家和尚心中有佛，所以看你像佛；而你心中却只有粪，所以看人如粪。你对人家不尊重，其实是对自己的不尊重。”

有时候自作聪明，不尊重他人，你以为是给别人难堪吗？不，其实你也是给自己难堪。尊重是互相的，要想别人尊重你，就必须先学会尊重别人，你不懂得尊重别人，也恰恰是对自己不尊重。

相互尊重是非常重要的交际之法。没有尊重的交往是不能持续下去的，只有相互尊重，才能相互认可，才能彼此接受。对成大事者而言，他们的习惯方式是：尊重别人！

莉莉刚到公司的时候，最喜欢吹嘘自己以前在工作方面的成绩，以及自己每一次的成功。同事对莉莉的自我吹嘘非常讨厌，尽管她说的都是千真万确的事实。所以她与同事们的关系搞得很僵，为此，莉莉很烦恼，甚至无法继续工作了。

莉莉不得不向职业专家请教。专家听了莉莉的讲述之后，认真地说：“唯一的解决方法就是隐藏你自己聪明以及所有优越的地方，他们之所以不喜欢你，仅仅是因为你比他们更聪明，或者说你常常将自己的聪明向他们展示。在他们的眼中，你的行为就是故意炫耀，他们的心里难以接受。”莉莉顿时恍然大悟，她回去后严格按照专家的话要求自己。从此，莉莉总是先请对方滔滔不

绝地把他们的成绩讲出来，与其分享，而只有在对方问她的时候，才谦虚地说一下自己的成绩。很快，公司同事就改变了对莉莉的态度，慢慢地，莉莉成了公司最有人缘的人。

在生活中我们不难发现，很多人在公司里是很难做到与人和谐相处的，他们就像莉莉一样，刚去公司没几天就惹得同事不喜欢。为什么呢？因为他们不懂得什么是尊重。那么如果我们遇到类似的情况，要怎样做才好呢？

1.尊重他人，从自身做起

人与人之间地位平等，只有先从自己做起，尊重对方，对方才会同样尊重你。解决问题时，宜采用商谈、讨论以及提出建议的方式。切忌用“命令”的口吻，颐指气使。

2.切忌狂妄自大，要保持谦卑的姿态

一个人如果能做到谦虚有礼，那么他身边的朋友一定很多，同时他也能赢得他人的尊重。反之，那些妄自尊大、小看别人的人，不仅是对别人的不尊重，还会招致同事的反感，甚至引起别人的嫉妒与排斥。所以，收敛一下自己的锋芒，不要到处显摆自己，一个目中无人的人是无法得到他人的喜爱的。

3.学会给他人留面子

要尊重他人，就要懂得给他人留点面子。给别人留面子，其实也是给自己留面子；在沟通的过程中，多用一些“可能”“也许”“我试试看”和某些感情色彩不强烈、褒贬意义不太明确的中性词，以使自己能“伸缩自如”。给人方便，自己方便。尊重别人，赢得尊重。

沟通启示

懂得尊重他人的人才能悟明人生的大智慧。这一类人姿态优雅、举止从容，因为有足够的自信支撑自己，也有足够的宽容去审视旁人。所以会被他人所尊重，因其身上所散发出的高贵又平和的气息实在是让人向往，予人吸引。

改变心态，与自己进行积极沟通

我们先看下面这一则故事：

一个雨夜，一只猴子和一只癞蛤蟆坐在一棵大树底下，一起抱怨这阴冷的天气。

“咳！咳！”最后猴子被冻得咳嗽起来。

“呱——呱！”癞蛤蟆也冷得叫个不停。

当它们被淋成了落汤鸡，冻得浑身发抖的时候，它们商议再也不过这种日子了，于是它们决定天一亮就去砍树，用树皮搭个暖和的棚子。

第二天一早，当橘红的太阳从天边升起，金色的阳光照耀着大地的时候，猴子尽情地享受着阳光的温暖，癞蛤蟆也躺在树根附近晒太阳。

猴子从树上跳下来，问癞蛤蟆：

“嗨！我的朋友，你现在感觉如何？”

“啊哈，再好不过了！”癞蛤蟆回答说。

“我们现在还要不要去搭棚子呢？”猴子问。

“猴子老兄，你说是动刀动斧地砍树皮好呢，还是在温暖的阳光下饱饱地睡上一觉好呢？”癞蛤蟆懒洋洋地说，“再说动刀动斧的碰到自己怎么办？”

“那好吧，棚子可以等明天再搭！”猴子也爽快地同意了。

它们为温暖的阳光整整高兴了一天。

天有不测风云，傍晚，又下起雨来。

它们又一起坐在大树底下。

“咳！咳！”猴子又咳嗽起来。

“呱——呱——呱！”癞蛤蟆也冻得喊个不停。

它们再一次下了决心：明天一早就去砍树，搭一个暖和的棚子。

可是，第二天一早，橘红的太阳又从东方升起，大地再一次洒满了金光。猴子高兴极了，赶紧爬到树顶上去享受太阳的温暖。癞蛤蟆也一动不动地躺在地上晒太阳。

猴子又想起了昨晚说过的话，可是，癞蛤蟆却说什么也不同意：

“干吗要浪费这么宝贵的时光，棚子留到明天再搭嘛！”

猴子和癞蛤蟆的对话让我们看到了一段消极的沟通过程，它们总是重复着“明天再搭”这句话，彼此之间互相传递着消极的情绪，这样的沟通是不会有什么好结果的。沟通要有一定的成效，要以积极的心态互相感染，共同进步，否则消极的沟通会对我们的人生有着极大的阻碍作用。猴子和癞蛤蟆把努力放在了逃避上面，而没有注意与自己内心的沟通，这样怎能收到好的结果呢？

张亚曾经是个敏感、心胸狭窄的人，所以情绪很容易沮丧失落。在他成长的过程中，他意识到自己以前一直被错误消极的思想所主导，太在乎别人的看法，因此很难快乐起来。当张亚改变思维，只在乎自己对别人的言行后，他发现自己很容易就变得快乐起来。

有这样一件曾经发生在张亚生活中的小事可以证明。

那天晚上张亚赶到办公室加班，他的同事李海也在加班，张亚走到了李海的面前很热情地打招呼：“李海，你也加班啊，吃晚饭了吗？”可是李海没有搭理张亚，脸上也没有任何表情，张亚相信他听到了自己的话，在一阵尴尬中掉头回到自己的位子，可是他却无法安心工作了，脑中一直在想：为什么他不理我？李海怎么是那样冷漠的态度？我没有得罪他啊，太不懂礼貌了！张亚越想越愤慨，于是做了一个决定：下次李海跟自己说话时也不理他。

一个小时过去了，张亚发现自己的工作效率极低，思绪始终被李海没搭理他的事困扰着。他意识到必须马上赶走这些讨厌的念头！他试图换位思考：“或许李海正为手头的工作烦恼，没有心思回答自己；或许李海一头埋在工作里没听见自己的话。每个人都有对待烦恼的特性，或许他烦恼时总是谁都不想理。”这样想后，张亚决定再次走过去，问问李海怎么了，是否需要帮助。没想到刚走过去，李海就先跟他打了招呼，并自告奋勇到下面去买饭。

看来张亚的换位思考是对的，李海并非有意冷落他，于是张亚释然了，心情大好，接下来全身心投入工作，效率非常高。

很多时候我们在遇到问题时容易产生一些消极情绪，这时候我们要懂得用一种积极的心态与自己沟通，劝解自己，化解内心的不良情绪。如果任由自己胡思乱想，不去合理调整自己的心态，那么我们也无法实现与他人的正常沟通。

那么我们该如何调整自己的心态，与自己内心进行交流呢？

1.反省自我，认识自我

孔子说“吾日三省吾身”，没有自我反省，就无从实现自我完善。反省是一种自我监督，亦是一种自我调整的出发点。在反省过程中，分析自己成败的原因，严于解剖自我，敢于批评自己，提高自我认识，调整自我评价，从而来正确定位自我。

2.安静的环境下与自己对话

我们可以在休息的时候或者是闲暇的时候坐在一个安静的地方听听自己内心的声音，问问自己最近的心态如何，哪些地方做得不好，哪些地方需要继续改善，与自己进行一次安静的对话。

沟通启示

沟通是交际成功的基础，人随时都处在沟通之中。就算独自一人时，也可以和自己沟通，和环境沟通。在沟通过程中，有积极的心态也有消极的心态，不同的心态，就有不同的反应，也会收到不同的沟通效果。因此，我们要进行有效的沟通，首先就要培养积极的心态，这样的沟通才会成功。

第 03 章
谈话：开始一个高效对话

》》》》》

一段高效的对话是两个人深入交往的前提，如果从一开始的谈话你就得不到对方的喜爱，那往后的关系就可想而知了。谈话有很多技巧，也涉及很多心理问题，不管是职场交际还是普通的人际交往，那些沟通高手们可以说对此都深入地研究。一个好的开始可以大大提高沟通的成功率，如何才能一张嘴就给人留下深刻的好印象呢？在这一章我们将为读者进行详细地讲解，如果你存在疑惑，那么就真学习和借鉴，相信这会对你的社交有很大的帮助。

没有平等，何谈沟通

玲玲回家后，跟住在一起的姐妹阿玉抱怨："你知道吗？我们部门新上任的经理李姐特别讨厌，李姐的眼睛好像长到了头顶上，跟我们说话的时候从来都不用正眼看我们，样子十分骄傲，让人特别不能接受。"阿玉听后说道："她如果一直用这样的态度工作，恐怕经理的位置也坐不长。"要知道人与人之间交流，平等最重要，职场上更是如此。

管理领域有一个术语是"沟通的位差效应"，即平等交流是企业有效沟通的保证——来自领导层的信息只有20%~25%被下级知道并正确理解，从下到上反馈的信息不超过10%，而平行交流的效率则可达到90%以上。美国加利福尼亚州立大学是沟通的位差效应的提出者，他们对企业内部沟通进行研究后得出了"位差效应"这一结论。玲玲的上司李姐的沟通方式是一种不平等的错误方式，相信她会为自己的所作所为付出代价的。

曾经有这样一个关乎平等与沟通的故事，内容如下：

在美国有位很有钱的富翁，但是，他却得不到别人的尊重，为此，他很苦恼，每天都想着如何才能得到他人的敬仰。一天，富翁在街道上散步，看到旁边有一个衣衫褴褛的乞丐，他心想自己的机会来了。于是，富翁便在乞丐的破碗中丢下了一枚金币，可是，乞丐却头也不抬，自己忙着捉虱子，富翁感到很生气，说道："你眼睛瞎了吗？没看到我给你的金币吗？"乞丐还是没有正

眼瞧他，回答说："给不给是你的事，不高兴你可以拿回去。"富翁很生气，又丢了十个金币在乞丐的碗中，心想这一次乞丐一定会趴着向自己道谢，却不料，那个乞丐还是不理不睬。

富翁几乎要跳起来了，咆哮道："我给你十个金币，你看清楚，我是有钱人，好歹你也应尊重我一下，道个谢你都不会吗？"乞丐懒洋洋地回答："有钱是你的事，尊不尊重则是我的事，这是强求不来的。"富翁一下子着急了，说道："那么，我将我的一半财产分给你，能不能请你尊重我呢？"乞丐翻着白眼看着他，说："给我一半财产，那我不是和你一样有钱了吗？为什么要我尊重你呢？"一着急，富翁说道："好，我将所有的财产都给你，这下你愿意尊重我了吧？"乞丐回答道："你将财产都给我，那你就成了乞丐，而我成了富翁，我凭什么要尊重你？"富翁一下子好像明白了什么，他抓住乞丐的手，真诚地说了一句："谢谢你！"乞丐改变了之前的态度，正视着富翁的眼睛说："不用客气，请您慢走。"

没有平等，何谈沟通？虽然对方是一名乞丐，但他也有权得到他人的尊重。如果你总是一副高高在上、高人一等的姿态，那么谁还愿意与你沟通呢？你怎样对待他人，他人也会用怎样的方式回敬你。不管你地位多高，请你放低自己的姿态，这样才能从他人那里得到真正意义上的尊重和爱戴。

那么，职场上的我们该如何处理不同等级之间的关系呢？

（1）对上级要做到不卑不亢。在职场中，上级职位比自己高一等，因此自己在工作安排上要听从上级的指挥，但如果上级的某些指示有不适当的地方，为了整体的利益考虑，也可以以适当的方式指出，不能因为职位上的差距就觉得自己矮了一截。

（2）与同事和谐融洽相处。在工作中我们一般与同事交流最多，如果能保持一种和谐的氛围，那么我们的工作就会更加顺心、愉快。因此我们要懂得维系好这份感情，多多沟通，懂得分享与互助，让彼此之间的情感更为深厚。

（3）与下级之间进行平等地沟通，心态上和行为上都不能对下级颐指气使。平等的交流可以增强上下级之间的沟通效率，使各项工作的开展以及整个公司的运行都更加顺畅。

沟通启示

在沟通中，需要时刻站在别人的角度想问题，多考虑别人的感受。如果你是上级，不要不分场合地教训人；多把事情往好处想，少盯着别人的缺点；给对方多一些赞扬，少一些批评。

沟通，从良好的第一印象开始

卡耐基说："良好的第一印象是登堂入室的门票。"因此，在和人交往的时候一定要注意自己的第一印象，从外表到内在应给人一种愉悦的感觉，让别人愿意和你交往，甚至主动和你交往。反之，如果给人的第一印象不佳，就可能遇到莫名的障碍。第一印象是能够创造的，俗话说："石头是死的，人是活的"，人可以根据时间、地点、交际对象的情况来创造环境和气氛，在别人心目中建立一种好的印象。

王明刚是一家知名公司的人事部经理，他曾经为所在企业猎取了为数不少的优秀人才。有一次，一个名叫李杨的应聘者简历吸引了王明刚，对方高学历、出色的工作履历使他这个资深职业人心动了。此时，虽然还没有面试，但王明刚已经在心里给对方打了很高的分数，求贤若渴的王明刚将其他工作推迟，专门为这个应聘者安排了一场面试。

这天中午，在约定的面试时间里，王明刚见到了李杨。对方虽然穿着整

洁，但头发凌乱，连胡须也没有修剪。这个形象让王明刚大跌眼镜。此时，虽然王明刚有些反感，可还是决定给对方一个机会。

在两个人的交谈过程中，这位李杨先生小动作不断，不是伸懒腰，就是摆弄衣服，更过分的是，他甚至还在面试的过程中接了一通长电话。在经过深思熟虑之后，王明刚决定不录用他。

“你永远没有第二次机会去树立第一印象。”不管在何种场合下，我们往往会在与他人见面后最初几秒钟的时间里对他人作出迅速的判断，而这种第一印象对人的影响往往十分强烈，在心理学上，将这种作用称为“首因效应”。

首因效应由美国心理学家洛钦斯首先提出，也叫首次效应、优先效应或第一印象效应，指交往双方形成的第一次印象对今后交往关系的影响，也即是“先入为主”带来的效果。虽然这些第一印象并非总是正确的，但却是最鲜明、最牢固的，并且决定着以后双方交往的进程。所以说我们一定要注意自己的个人形象，不要让第一印象毁了自己，如果一开始就被拒之门外，那你哪还有机会与他人进行深入的交流呢？

把握自我形象，树立良好第一印象，我们需要做到以下几点：

1.可亲的表情

在第一次与客户面谈时，如果你的做法很客套，过于客气，反而会造成紧张气氛，而紧张的气氛往往无助于业务的达成，适度的微笑可以有效地缓解气氛。微笑时应大方得体，不做作，不应用手捂嘴大笑。

2.讲究礼貌

讲话要有礼貌，这是人类文明的常识，与别人初次见面，你的语言修养水平将决定着他人对你的第一印象。请不要吝惜使用“您”“请”“谢谢”这些基本的礼貌词汇，它们会像润物无声的春雨沁入别人的心田。

3.良好的外表

良好的外表并不是指面容的漂亮，而是指服饰整洁得体。如果你一身邋遢

地与他人相见，那么对方一定会觉得你对他不够尊重。所以，我们一定要注意自己的仪表，给人留下干净利落的好形象。

4.恰当的身体语言

表情、举止自然随意，不过分拘谨，会使你显得自信、干练、见过世面，而且会增强别人对你的信心。面带微笑，会使你显得乐观、积极，热情开朗，有一个好人缘。应避免跷二郎腿、双目游移、表情木然、身体僵硬等不良举止，这些都会给别人留下一个不好的印象。

5.讲信用，守时间

现代社会，人们对时间愈来愈重视，并且往往把不守时和不守信用联系在一起。若你第一次与人见面就迟到，可能会造成难以弥补的损失，所以最好避免。

沟通启示

虽然我们也知道仅凭一次见面就给对方下结论为时过早，第一印象并不完全可靠，甚至还有可能会出现很大的差错，但是，绝大多数的人还是会下意识地跟着第一印象的感觉走。所以，我们若想在人际交往中获得别人的好感和认可，就应当给别人留下良好的第一印象。

说好第一句话，让沟通完美进行

好的开始是成功的一半，与人沟通和交流更是如此。在与人沟通的过程中，我们往往抓不住说话的关键点，不能说好第一句话，不能有效地表达自己的观点，实现沟通目的。所以，我们一定要好好斟酌说话的技巧，不要让第一

句话毁了我们与对方接下来的交流。

王翠翠是一家服装店的导购员。第一天上班的时候，走进来一位体形偏胖的女士。王翠翠赶紧迎上去说："对不起，我们这里不卖孕妇服。"

"你说什么？谁是孕妇？"女士很不高兴地瞪了她一眼。王翠翠这才明白过来，赶紧解释说："对不起，你肚子那么大，我还以为怀孕七八个月了呢。"

顾客一听更生气了，大声说："你这人会不会说话？就你这样还做导购呢？"说完气呼呼地走了。王翠翠委屈地说："我不过说了几句实话而已，至于发这么大的火吗？"

作为一名导购，说话是非常重要的问题，案例中的王翠翠不仅不会说好开头语，连基本的如何交流的问题都掌握不好，这样怎能留住顾客呢？连顾客都留不住，又怎么创造业绩呢？

陈刚是一个人际关系非常好的人。无论是与陌生人谈话，还是与熟人聊天，他都能制造出非常活跃的谈话气氛，并在交谈过程中，使双方友谊进一步加深，这就是他获得好人缘的重要原因。

有一次，他参加一个同事的生日聚会，在会场上遇到了李涵，便走上前，彬彬有礼地说："您好！听说您和今天的寿星是老同学？"李涵高兴地点点头说："您是？""我是他的同事，很高兴能认识您！今天还真是个好日子，不但能给同事祝寿，还能结交一个好朋友，真的很难得。"陈刚略带微笑地说着，李涵也高兴地迎合着陈刚的话题，就这样两人高兴地聊了起来。

陈刚与李涵能成为好朋友，第一句开场白的作用最大。如果陈刚的第一句话没有吸引李涵的注意，没有为交谈营造一个良好的气氛，那么后面的情况可能会是另一番景象。

当然，说好第一句话，并不只局限于与陌生人的交往中，还要渗透到朋友、夫妻、亲人等的交往之中，这样可增进友情、巩固爱情、温暖亲情。

李哥因事外出，不小心将随身携带的六千元钱弄丢了，他心里非常着急，

本来家里条件就不富裕，这六千元钱是妻子小雨辛辛苦苦、奔波忙碌攒下来的，想到这里，他不停地责骂自己，不知道该如何向小雨交代。无奈之下，李哥拨通了家里的电话，当电话接通后，李哥支支吾吾地说："对不起，我……把六千块钱给丢了。"

小雨听了以后说："出门在外你的安全最重要，人没有丢就好，赶快回家吧……"听完小雨的话，李哥感动得不知所措，傻傻地站在电话亭旁，过了好一会儿才回过神来，其实，小雨非常节俭，丢了钱，她心里一定非常难过，可是小雨很懂得道理，知道事情发生了，埋怨也没有用。

李哥和小雨二人结婚五六年了，李哥从来没有给妻子做过一次饭，那天回家后李哥亲自买菜下厨房，为小雨做了几道菜，虽然做得不是非常好，可小雨却吃得比往常更香。

从此，小雨和李哥更能体贴、理解对方了，感情加深了许多。

俗话说："酒逢知己千杯少，话不投机半句多。"在我们的身边，有的人相处一辈子却还是关系生疏，而有的人却一见如故。两个素不相识的人要想在短暂的时间内把彼此的关系变得融洽，从而达到心灵上的共鸣，那么就必须做到说好第一句话。说好第一句话能给人以亲热、友善、贴心的感觉，消除彼此间的陌生感。那么，我们应该如何说好自己的开头语呢？

1.要讨人喜欢

也就是说，这句开场的话最起码应该是礼貌的，让人听起来悦耳顺心，能赢得对方的好感甚至强烈的情感共鸣。比方说，与一位带着孩子的妈妈交谈，你可以说："您的孩子好可爱，比电视广告里的童星更招人喜欢！"这样的开场白绝对能让对方笑逐颜开。

2.从涉及对方切身利益的话题开始

有经验的谈话者，往往善于将自己的讲话与对方的切身利益联系起来。有时为了开始时能吸引对方，往往会绕个弯子，讲一些对方关心的事，待对方兴

趣已起，而后转入正题。

3.能开启话题

谁也不希望与别人第一次聊天时，刚说完一两句话就因再也找不到话题而冷场，所以，好的开场白必须能开启话题，就像井眼一样能源源不断地涌出井水来。

4.用赞扬的话开头

世人都想听赞颂之辞，具体的赞扬会使别人更加注意听你讲话，同时，你也会被认为是和蔼可亲的朋友而被对方接受。

沟通启示

第一句话表达了你的情绪与感情，你想要传递给对方的信息全在这一句话里了，是好或是坏，都将有效地影响对方的心理。说好第一句话，往往能起到意想不到的效果。

打消对方疑虑，增加信任感

我们在与人沟通的时候可能会遇到这种情况：对方对我们保持警惕，心存怀疑。对此，你不必过于抱怨，这是人们的正常心理，当一个人对所接触的人或事不了解或者想不通时，很容易对此产生疑虑。因此，我们在与他人接触之前一定要掌握沟通的技巧，打消对方的疑虑，这样办起事情来自然会顺利得多。

不管是生活中还是工作中，我们难免要与形形色色的人打交道。在这个世界上，绝没有两片完全相同的树叶，也绝没有两个完全相同的人。在与陌生人交往时，我们很容易遇到性格迥异的人，在这种情况下如何才能与对方聊得开

心而又尽兴呢？这就要求我们要根据不同聊天对象的性格有的放矢，从而真正做到把话说到他人的心里去，也成功地打动人心。

毫无疑问，如果对于熟悉的人，即使我们说话不到位，也还有挽回的余地，但是如果对于陌生人，一言不慎，就很有可能给对方留下恶劣的印象，哪怕我们事后尽力弥补，付出加倍的努力，结果也不尽如人意。因此，我们必须学会察言观色，有的放矢，才能把话说到对方心里去，把事情做到对方心里去。很多看似难以解决的难题，实际上只要聊得好，就能把问题迎刃解决。倘若我们一张口就使他们觉得不自在，或者对我们一点儿都不服气，那么我们就算能力超群，也很难得到大多数人的认可，更不可能受到大家的欢迎。

有一则类似的关于如何沟通的案例：

李大叔到商店里买手机，他看上一款之后就问售货员王云："你们家的手机为什么比别家的要便宜？"王云反问道："大叔，您为什么这么问呢？"李大叔解释说，自己对手机知识了解较少，是帮孩子买的，一看手机便宜，便担心自己买到假货。王云了解了情况后，笑着对李大叔说："我们家的这款手机是厂家直销的，进价要优惠些，我们又把厂家给的优惠直接让利给顾客，所以价格就低了。"但是李大叔对这个解释还是半信半疑。

这时王云又说道："您放心，我们这儿的每个手机上都有一个防伪码，您可以直接在网上查询或者拨打厂家电话询问。另外，您在我们这儿买手机都是有发票的，如果您发现什么问题，可以直接凭发票来找我们，或者退货。"听完王云的介绍后，李大叔痛快地买下了这部手机。

只有先了解对方的看法，让对方把意见和疑虑统统说出来，然后再对症下药，一一进行解释，才能彻底消除对方的疑虑，这样，事情才会成功。沟通是讲究技巧的，同样一件事，不同的人会说出不同的话，效果也是大大不同的。

1.态度要亲切，切忌着急发火

面对对方的疑虑与不信任，很多人容易被激怒，进而发生与对方吵闹的局

面，这是我们最不想看到的。当我们懂得换位思考的时候我们就明白为何他人对我们有所顾忌，所以遇到猜疑时我们不要着急也不要生气，只需耐心、亲切地与他人沟通，让对方看到你的真诚。

2.讲道理，打动他人

大声争吵是不礼貌的，我们要做到以理服人，一个懂得讲道理的人才能赢得他人的尊重。为什么要信任你？信任你的理由是什么？我们要认真地把自己的理由说出来，这样才能被他人接纳。

3.通过比较，暗示我方优势

对于那些销售者来说，要懂得凸显出自己的“竞争力”。比如，“产品在销售之后28天内，若发现质量问题，我们承诺全额退款，而一般的产品退款保障期只有14天……”通过比较暗示出自己产品的优势，从而打消对方心中的疑虑，言谈中让对方领会你的需求。

沟通启示

在日常交际中，由于我们的一些话语或者行为，有可能会使对方心中充满疑虑，这时候如果不及时打消对方的疑虑，交流就无法继续进行下去。这时，我们可以通过言语暗示把自己的想法传递给对方，使对方能够打消心中的疑虑。

初次见面，说话禁忌需知道

在一些社交场合，许多人我们从未谋面，初次见面，说话不能问个好就没了回音，也达不到社交的目的。这时候说话就要懂得开好头，开启适当的话题，才能打开陌生局面。但是，想在初次交谈中把话说好却不是一件容易的

事，需要培养和提高自己的交谈技巧，毕竟哪些话该说哪些话不该说都是有讲究的，否则你很难交到新朋友。

陈宁宁要去美国出差，登上飞机后，飞机还未起飞，机舱内骚动着。恰巧，坐在陈宁宁旁边的是一个英国姑娘。陈宁宁是个热心的人，便大大方方地随口与对方聊了起来。

在交谈之中，陈宁宁询问对方："你今年多大岁数呢？"

"你猜猜看。"

陈宁宁转而又问："到了你这个岁数，你一定结婚了吧？"而最终的结果是：对方居然转过头去再也不搭理她了。一直到下飞机，她们两个人再也没有说一句话。

陈宁宁与那位英国姑娘聊天不投机，不欢而散，主要是因为她不该过问对方的隐私。在国外，按照常规，对方是有权利拒绝回答此类问题的。

这就是典型的"不会说话"，初次见面没几分钟的工夫就把人得罪了，这样怎么能做好进一步地沟通呢？下面我们继续看一个案例：

"我姓刁，今年27岁了，在玩具厂当工人。"姑娘自我介绍说。

"你姓貂，是貂婵的貂吧？貂婵可是个惯用美人计的人，一会儿爱董卓，一会儿爱吕布。"

"不是那个貂，是学习的习字少一'点'的刁。"

"噢！是刁德一的刁，刁钻的刁。在电影里和戏里，姓刁的都是坏人，不知道在现实生活中怎么样，是不是也有不少的好人啊！"

听到这些话，那姑娘会有何种感受？她一定会觉得自己无故受到了污辱，对方是在拿自己的姓氏开玩笑。要知道，人们都尊重自己的姓氏，认为它跟自己这个人、这个家族密切联系在一起。

初次见面，说话要讲究技巧，这样才能赢得对方的好感，以便再进行深入地沟通、联络。在交谈时，嘴上要有个把门的，什么话应该说，什么话可以

说，什么话不能说，都应该有所考虑。不要逞一时嘴快，更不要信口开河，要懂得尊重他人，适当地说一些别人喜欢听的话。比方说："你姓刁，社会上姓这个姓的人不太多，真是物以稀为贵呀！"

那么，对于初次见面的人来说，说话中有哪些禁忌需要了解呢？

1.说话要注意自己的身份

初次见面的时候，我们应该首先表明自己的身份，说话的内容与说话时的动作都要符合自己的身份。陌生人与你初见，首先会了解你的身份，也会时刻关注你的身份。

2.不要过分地炫耀自己

含蓄、谦虚的态度有时更能体现人的内涵和风度，过多地向陌生人炫耀自己的人只会让人反感。即使我们在某方面有所成就或者高人一筹，也说明不了你在其他方面都出类拔萃，更何况在初次见面的人面前谈这些没有任何意义。

3.不要喋喋不休

初次见面，多听听对方的表述，不要一个劲地唠叨，很多人喜欢到处宣扬自己对生活的不满，这样真的很令人反感。如果对方从你的口中看出你是一个消极、啰唆的人，那么对方也不会想与你继续交往，谁愿意听那些破坏心情的唠叨与抱怨呢？所以喋喋不休的抱怨只能引起别人的厌烦，而不是同情。

4.切忌信口开河

很多时候，信口开河的人往往品位不高或者知识欠缺，为了显示自己的出众或是掩饰自身的不足，他们通常会言过其实，这样的话说得越多，损失往往就越大。当这种夸张的说法被人们发觉后，其结果是他们会遭到所有人的反感。

5.不打断对方的话

当你在表达自己思想的时候，如果他人总是一而再再而三地打断你，你会怎么想呢？想必每个人都没有心情再继续说下去了吧。随意打断别人的话是一种很不礼貌的事情，这会让对方极为反感。如果你和对方意见不合，那么不要

马上打断对方的话说出自己的意见，你可以等对方说完之后再做表态。因此，倘若你希望留给他人一个好印象，就一定要注意避免犯类似的错误。

6.不要东张西望

说话时注视对方起着重要的作用。交谈时神态要专注，表情要自然，语言和气亲切，表达得体，双方都应注视着对方。边交谈边处理与交谈无关的事物，是轻视对方的表现。

7.开玩笑注意分寸

有些人在与初次见面的人聊天时会开一些玩笑，以此来活跃气氛，这当然是件好事。因为有时候开玩笑会使彼此之间没有距离感，显得更加亲切，有利于感情的交流。可是，有一点一定要注意，开玩笑要讲究分寸，考虑对方的接受范围，毕竟因玩笑而伤人自尊的事情是很常见的。

8.避免敏感话题

哪些话该说、哪些话不该说，这些你知道吗？如果不留意这些细节，你就很容易得罪人，更别提与人沟通建立联系了。例如双方的宗教信仰、政治见解、学术讨论等问题都应该避免。谈论这些问题，或多或少都会带有“评价对方”的感觉，因此我们在与他人初次见面的时候，最好不要谈这些，以免让对方觉得自己不被尊重。

沟通启示

说话要有尺度，尺度拿捏得好，很普通的一句话，也会平添几许分量，话少又精到，给人感觉深思熟虑。而说话的尺度决定于你谈话的对象、话题和语境等诸多因素的需要。

第 04 章

增加个性魅力：让他人喜欢与你沟通

>>>>>>

在与人沟通交往的过程中，如何让别人迅速地喜欢上你呢？其实这并不难，只要你懂得沟通的技巧，就能很快走进他人的心里。人是可以改变的，人的能力也是可以不断提升的，只要我们敢想、敢做，那么我们的沟通能力一定能够得以提高。在与人沟通时，哪些行为是需要注意的，哪些语言是需要纠正的，本章我们将为大家进行详细地介绍。希望大家能够汲取里面的营养，成为更多人喜欢的沟通对象。

与异性交谈，大方而有分寸

社会是由男人与女人组成的，无论男女要想与异性交往默契，就需要对心理、社交、口才等知识技巧了解一二。否则，与刚认识的异性交往，就容易表现出羞怯局促、紧张不安的尴尬情绪。在这样的情况下，人们就会连话都说不出来，怎么可能顺利地沟通下去呢？其实只要掌握一些基本的原则，就能够使你在和异性交往时应付自如，谈得非常投机。

一位女士刚要推开大厦的玻璃大门，突然从后面冲过来一位男士，率先推开了门，在自己进去之后还不忘请女士入内。

女士很不满意地调侃道："你为我开门，不会因为我是个女士吧！如果是这样的话，那还是算了。"

男士一听，笑了一笑说："不，不，您理解错了，我为您开门，是出于尊重长者。"

女士一听，狠狠地踩了男士一脚走了。

男士感到莫名其妙，他永远不知道刚才的幽默激怒了女性，因为女人是最害怕人们拿自己的年龄当话题的。

所以，在与人沟通的过程中我们一定要了解异性的心理，根据不同的对象采取不同的沟通技巧，掌握好说话的分寸。生活中，我们应根据具体的环境、对象和氛围采用适当的形式来表达恰当的幽默。

那么，在与异性交往的过程中，我们应该注意些什么呢?

1.彬彬有礼，大大方方

无论同比较熟悉的还是比较陌生的异性谈话，无论是为了加深友谊，还是为了获得爱情，都必须坦然，做到彬彬有礼，大大方方。异性之间谈话的最大障碍是由思想紧张而造成的心慌意乱。不少人在异性面前讲话手足无措，语无伦次。这样，想取得谈话的良好效果是根本不可能的。

2.不应过分随便亲昵

男女之间过分拘谨固然令人难堪，但也不可过分随便，诸如嘻笑打闹、你推我拉之类举止应力求避免。须知，男女毕竟有别。说话过分随便亲昵，会让人觉得你显得轻佻而引起对方反感，容易造成不必要的误会。

3.说话不要模棱两可

当今社会，虽然人的观念都比较开放了，但对于男女之防，最好还是不要掉以轻心。因此，在与异性聊天时，有话要明说，切勿模棱两可，以免让对方误会，引起不必要的麻烦。

4.心怀坦荡，文明有礼

异性之间在生理上、心理上毕竟是有差异的，不能像对待同性朋友那样处理与异性朋友之间的关系。交往中要说话有度，举止文明，相互体谅，彼此尊重。无论在什么场合，都要大大方方，心怀坦荡。

5.谈论趣事

聪明的人，在与异性谈话时恰到好处地选择那些生活中的趣事做话题，既可以消除彼此间的距离，更容易产生共鸣，增加亲切成分。比如选择一些比较轻松、大众化的话题：如影视圈里的绯闻轶事、音乐界的排行夺魁、校园生活的诗情画意等。

6.双方都要避免过分热情

对异性的态度要适宜，过分的亲近和热情容易引起对方的误会，也往往易使对方失去自矜、自爱及自尊的防线。因此，在与异性相处时，一定要善于把握自己的感情，特别是单独相处时，更要庄重有礼，保持距离。

7.不可过分卖弄

如果想显示自己见多识广而讲个不停，或者在争辩中有理不让人，无理也要辩三分，都会使人反感。当然，也不要总是缄口不语，或只是“嗯”“啊”不已。尽管这时你面带笑容，也会使人觉得你城府太深，让人扫兴。

沟通启示

现代社会，异性之间的频繁接触，给我们的生活和事业带来了情趣和生机。但如果不注意和异性交谈的艺术，常常会造成人际交往的障碍。在与异性交谈时，要适时地给对方一些由衷的、实事求是的赞美和鼓励，充分肯定对方；欣赏对方的优点会让对方自信而快乐。如果把握好了与异性交往的技巧，那么你与人沟通的能力将会大大提高。

展现魅力声音，为你的沟通加分

生活中，在与他人沟通的时候，我们可能都有这样的感受，如果对方说话声音掷地有声、字字清晰，或者是声音温婉坚定，我们便认为他的话是值得信任的、亲切的。而相反，如果对方说话底气不足甚至言辞闪烁，我们便会怀疑其话语的可信度。声音是一个人内心话语的传递，我们的声音可以不美妙动听，但是一定要有力量，能给人带来美好的感受，这样才能吸引他人，让彼此的沟通更为舒心。

志豪和琪琪的相识相恋已经足足有七个年头，如今两人已经结婚，而且还

生有一个可爱的宝宝。谈起两个人的相识，志豪一脸幸福，笑着说："我当时就是被琪琪银铃般的声音吸引了。"刚认识的时候，两人同在一家公司。琪琪的外貌称不上漂亮，弯月般的眼睛，样子看起来很文静，可是个性十分活泼，是公司里活跃的"百灵鸟"。琪琪的声音不算甜美，但是柔柔的，让人听起来感觉很舒服。志豪觉得琪琪的声音总是那么亲切柔和，讲话时就像是娓娓道来一个故事。不知不觉中，志豪就经常找琪琪聊天，并发现琪琪和自己一样都是文学爱好者。俩人经常谈论古代诗词，琪琪柔美的声音再加上婉转动听的词调，总是让志豪不自觉地同她亲近起来。后来，想要到外面闯一闯的志豪，辞去了原本稳定的工作，只身来到北京打拼。身处异地的两个人，只能隔着电话倾诉衷肠。志豪特别喜欢听琪琪在电话那头讲述家乡的变化，而志豪也会给琪琪讲讲自己在北京的见闻。志豪回忆说，当时自己一个人在北京，每天给琪琪打上一通电话，听听她动人的声音，就是对自己最大的安慰。现在情况好了，但是永远都不会忘记那段"以声传情"的日子。

那么，我们该如何使对方愿意听我们说话且达到让对方信任的效果呢?

1.选择适合的音调

一般情况，不急不缓的语速、中等的声音更能给人一种亲切自然和自信的感觉；过高的声音、过快的语速就会显得说话的人性格过于急躁，心无城府，过于幼稚和偏执，容易让人产生厌恶的情绪；说话的声音过低，语速缓慢，这样的人可能是没有自信，优柔寡断，看待事情比较悲观，处理事情畏首畏尾，放不开手脚。

2.口齿清晰，适当停顿

口齿清晰，能让对方顺利获取我们表达的信息，是言语交际中的第一要务。清晰的发音习惯会让你的声音变得更动听。为此，你必须要改正吐词不清的缺点。另外，适时地停顿，也能为言语增添节奏感，让对方更好地了解你所要表达的内容。

3.声情并茂的表达

声音、语调、词汇等元素都是为感情服务的。如果声音失去了感情的依托，就会变得空洞僵持，犹如失去了水源的枯木，毫无生气可言，因此在说话的时候，要注意用感情去感染和打动听众，只有充满感情的文章才是好文章，同样充满感情的谈话才是成功的谈话。

4.不要无休止的唠叨

唠叨本就是不自信的表现。人们因为感到孤独、感到不满、感到自己不被人爱不被人赞赏，所以会唠唠叨叨个不停，以给自己安慰或引起他人的注意。而自信的人是永远不会与唠叨结缘的。

5.附带你的微笑

如果你一直保持一张严肃的面容，那么即便是你的声音很美，也很难让人感到亲近。所以，在展示声音魅力的过程中附加上你的微笑吧，身体语言中最能打动人的莫过于微笑。如果你性格内向，不妨经常锻炼一下自己的脸部肌肉，经常对着镜子笑一笑，逐渐养成面部表情丰富的习惯。

沟通启示

对以声音为主要物质手段的语音的要求很高，既要能准确地表达出丰富多彩的思想感情，又要让对方产生信任感。为此，在说话过程中，应根据话的内容，把握你讲话的力度，做到沉郁有力，以使人感到声音错落有致。

说话干脆利落，绝不拖泥带水

最不招人待见的就是说话犹犹豫豫、婆婆妈妈、扭扭捏捏的人。与优

秀的人交往你会发现，他们说话做事有一个共同的特点就是干练果断、不拖泥带水。这不仅给人爽快的感觉，也是自信的体现。所以，想要成为一名沟通达人，想要有所成就，先从说话做起吧，做一个说话利索、干练果断的人！

亮亮是一名销售人员，在广东的一家电器城工作，主要负责电冰箱的销售工作。一天早上他接到一位顾客陈女士的电话，咨询是否有某一型号的电冰箱，待亮亮确认有货并报了一个价格之后，顾客约定当天下午两点半前来看货，如果一切正常，就将冰箱买走，并留了亮亮的手机号码。亮亮最近一段时间的销售工作进展得很不顺利，前来卖场的很多顾客都是只看不买，打电话预定的顾客更是不断地放鸽子，他不知道这次能不能成功，心里忐忑不安。

下午两点，亮亮的手机响了，竟然就是上午打电话要前来看电冰箱的那位陈女士！原来陈女士已经到了电器城的楼下，只是亮亮的店面不是很好找，这才打电话过来。这让亮亮异常欢喜，心想这位陈女士应该是位比较和善而且很守信用的顾客。

不出所料，陈女士对亮亮非常热情，并且主动和他聊天。亮亮在与陈女士沟通的过程中，仔细观察陈女士的言行举止，并作出判断：陈女士是一个不拘小节、性格外向的人，应该很容易交流。于是亮亮也不再拘谨，而是顺着对方的话题侃侃而谈，并巧妙地把话题引到冰箱上。

中间亮亮还穿插了几个自己做销售过程中比较有趣的故事，使陈女士把注意力完全转移到自己及自己的产品身上。对于陈女士关于各类冰箱的一些提问，亮亮总是很清晰、准确、简洁地给以答复，说话不拖泥带水，给陈女士留下了业务专业、行事干练、自信诚恳、精神饱满的好印象，因而更加拉近了彼此之间的距离。

陈女士将自己对于电冰箱的想法向亮亮说明，亮亮很快就针对她的想法推荐了另一款冰箱，让陈女士很是满意。最后，陈女士很痛快地购买了那台冰

箱，临走之时还告诉亮亮会给他介绍自己的朋友来看看。

看到亮亮的案例我们应该明白沟通在一个人的成功道路上有着多大的意义。你肯定希望自己能够给人干练、明快的印象，那么，你就必须掌握好说话的技巧。为了使你的说话不拖泥带水，你需要注意哪些方面呢？

1.明确你的中心思想

你所说的话中，也许存在多个主题，这样的结果是什么呢？这将使你和对方的精力都被分散。实际上，你要把一个主题讲得很透彻都十分困难，所以更不可能把每个主题都讲透。如果非得这样，那么每个主题你都只会浅尝辄止，因此跟对方讨论各种话题会影响你主要观点的表达。

2.连贯一致

开场白非常重要，它直接影响到所讲内容的展开，不能一开口就“噌”地冒出一句让人摸不着边际的话；多层意思之间过渡要灵活自然；结尾要进行归纳，简明扼要地突出主题，加深听话者的印象。

3.说话简洁不啰嗦

很多人都讨厌废话连篇、半天都说不到点子上的人。但是，我们应该注意的是，说话简洁并非“苟简”，而是以简代精的意思。简洁要从实际效果出发，简得适当，恰到好处，否则硬是掐头去尾，只会让听者更不明白，从而得不偿失。

4.表达信息要直接

你需要尽快地直达主题，让对方更为直接地了解你所要表达的意思。这样你所要表达的信息才会听起来更加清晰明了。但是很多人却总喜欢旁敲侧击，殊不知，这种做法容易分散对方的注意力。

5.条理要清晰

人类的心理是很微妙的，有时听众并不因为你讲的内容很有道理就完全信服你，他们还要顾及讲话人的表达方式。即使是正式场合的谈论，声音过于激

烈也会让人产生“此人强词夺理，所说之言不足为信”的想法，随之，心理上会产生反感或者抵触情绪。我们要清晰有条理地表达出自己的想法，这样才能进行深入地沟通。

沟通启示

当我们与他人谈话时，尤其要注重思维的重点所在，想好之后，用最精辟的语言将之陈述出来，不要拖泥带水，这样才能让对方更快地明白我们的意思。

让肢体语言传达你内心的真诚

当我们谈到“沟通”的时候，很多人就会想到“沟通”就是“说”，似乎“说”就是沟通的全部。其实，与人沟通时，即使不说话，也能通过肢体语言来洞察对方的心理。美国人类学家吉文斯通过观察发现，在日常沟通中有70%的内容来自肢体语言。这意味着，要成为一个沟通高手，就必须善用肢体语言，通过肢体语言传达出你的亲切、你的真诚。

公司安排邱航和韩诚去接远从广州而来的大客户郑总。邱航和韩诚在出站口焦急地等待着，手里的牌子上写着郑总的名字，可是等来等去，愣是没见郑总。

而就在此时，一个五十岁左右的男士也在车站拉着行李，似乎在等人。邱航和韩诚对看了一眼，走了过去，邱航微笑着说：“您好，先生，打扰一下，请问您是来自广州的郑先生吗？”

这位男士认真地看了邱航一眼，说：“是啊，你们是？”

邱航微笑着伸出手说："您好，郑先生，我们是专程来接您的。"

郑先生一边握手，一边说："真是太好了，可找到你们了。"

这时候，站在一边的韩诚也走上前来，对郑总拘谨地说了一句："您好，郑先生。"

一路上，他们有说有笑，能够看得出，郑总非常开心，完全没有一点车马劳顿的疲惫。到了公司后，邱航先下了车，打开了车门，礼貌地说："郑先生，我们到公司了，请您下车。"说罢，伸出右手，做了一个邀请的动作。

那次的业务谈判非常成功。在临走的时候，郑总特意邀请了邱航一起吃饭，表示感谢，而对韩诚明显很冷淡。原因很简单，邱航在和郑先生的初次见面时，不但语言很到位，手势和表情也很到位，让郑先生感到内心非常愉悦，这些都给郑先生留下了极好的印象，觉得这是一个非常不错也很亲切的小伙子。相反，韩诚的行为就显得过于冷漠和木讷了，一路上韩诚没说几句话，表情也很冷漠，再加上语言上过于客套，拉远了跟郑先生的距离。

此后，有关与郑先生所有的业务都是邱航在负责，因为是郑先生要求的。郑先生宁可耽误时间，也不让别的人来代替邱航。后来，邱航离开了公司，郑先生与公司合作的业务也随即停止了。

故事中的邱敏和韩诚在和郑先生的接触中，在口头语言和肢体语言上搭配不一样，结果出现了两种截然不同的后果。一个到位的手势加上真诚的微笑，拉近了彼此之间的距离，为对方呈现出一种诚恳而又亲切的感觉，可见懂不懂沟通对一个人的影响有多大。

那么，在与人沟通的过程中如何运用肢体语言，传达美好的信息呢？

1.微笑是最美的语言

英国诗人雪莱曾经说："微笑是仁爱的象征、快乐的源泉、亲近别人的媒介。有了微笑，人类的感情就沟通了。"泰戈尔也说过：人微笑时，全世界会

爱上他。一个时刻流露微笑的人总会给人带来亲切的感觉，让人如沐春风般舒爽。微笑是连接彼此情感的纽带，说话的人通过微笑能够达到情感沟通、融洽气氛、缓解矛盾的目的。不要总是一脸严肃，学会微笑吧，相信它会让你的人际关系变得更好。

2.注视对方，眼神真诚

交谈时，要敢于和善于同别人进行目光接触，这既是一种礼貌，又能帮助你维持一种联系，谈话在频频的目光交流中可以持续不断。更重要的是，眼睛能帮你说话。如果几乎不看对方，那是怯懦和缺乏自信心的表现。这些都会妨碍沟通交流。当然，和别人进行目光交流并不意味着老盯着对方。

3.手势

每一个人在谈话的过程中都会有不同的手势，只是有的手势是有助于表达感情，有的会令人讨厌。比如，张开手掌这个手势会给客户诚实的感觉，可以提高你的可信度，增加你的交际能力。但是有一点，大家一定不要在谈话的时候指点对方，指点的手势是不礼貌的，会让人非常的厌恶。

沟通启示

只要你坚持自然流露的原则，时间长了就自然地培养出了真正属于自己的迷人的姿态。记住，身体语言是一种非常重要的信息。如果我们能正确地使用，就会大大增加个人魅力，让自己大受欢迎。做到了这些，我们在与人沟通的时候就会让彼此的距离更进一步。

真诚沟通，大家都会喜欢你

“诚于心，而形于外”，当我们能真诚的和别人沟通时，也能较容易地获得真实的回报。如果你不真诚做人，总是撒谎，那么谁还会愿意与你沟通，更不用提把你当成信得过的好朋友了。诚信乃沟通之本，是沟通心灵的桥梁。最让人喜欢的人并不一定是最能言善辩的人，但一定是真诚的人。

美国第16任总统林肯，在竞选时，他是用真诚获取了总统职位，赢得了民心。在竞选演讲时，他的竞争对手道格拉斯特地租了一辆豪华轿车，豪华轿车后紧跟着10辆装有大炮的卡车，每到一个巷口大炮就发出100次鸣响，炮响之后紧跟着是喧闹的乐队表演。道格拉斯口出狂言：“要让林肯这个乡巴佬闻闻贵族的气味。”

林肯用真诚来应对道格拉斯的狂妄自大，他知道取信于民的条件就是必须要有一颗诚心：“有人问我有多少财产，我有一个妻子、三个儿子，都是无价之宝。此外，还有一间办公室，室内有办公桌一张、椅子三把，墙角还有一个大书架，架上的书值得每个人一读。我实在没有什么可依靠的，唯一可以依靠的就是你们。”他用真诚赢得了热烈的掌声，拉近了与选民之间的距离，赢得了选民的情感认同和心理认同，最终竞选成功。竞选过后，道格拉斯对林肯表示祝贺，更为他的那颗诚心竖起了大拇指。

真诚，是沟通心灵的钥匙；真诚，是连接情感的纽带。朋友们，在与人沟通的过程中，最重要的是你的那颗真诚的心，有什么比一颗干净的内心更令人尊重呢？所以说，如果你想要获取一段情谊，请你一定用自己最坦诚的心去感化对方，这种沟通给你带来的意义将更为深远。

1.和善待人，微笑示意

许多成功的人，是因为他的魅力、个性和亲和力。而个性中最吸引人的就

是那亲和的笑容。行动比语言更具说服力，一个亲切的微笑告诉别人："我喜欢你，你使我愉快，我真高兴见到你。"

2.讲究诚信，博取信任

我国古代的大教育家、哲学家、思想家孔子曾经以言警世："人而无信，不知其可也。"明代学者也有这样的表述："身不正，不足以服；言不诚，不足以动。"就是说，行为不正的人，不被人信服；言语不诚实的人，不必与他共事。如果你不讲诚信，那么你就失去了他人的信任，没人愿意跟一个没信誉的人打交道，更不用提与他深入沟通了。

3.换个角度，为他人着想

换位思考，客观上就要求我们将自己的内心感受，如情感体验、思维方式等与对方联系起来，站在对方的立场上体验和思考问题，从而与对方在情感上得到沟通，为增进理解奠定基础，架起一座便于沟通的桥梁。

4.乐于助人，及时伸手

如果每个人都像雷锋叔叔那样乐于助人的话，就如一根金线将每一颗爱心都连起来，便是世上最美、最珍贵的一条项链了。让每个人都不要吝啬上帝赐给我们的爱心，因为它是用之不竭的，它会让别人认识到你的好。所以，伸出你的援助之手吧，这样你会得到更多人的喜欢！

5.用心倾听他人的话语

沟通中的倾听不是简单地听就可以了，需要把对方沟通的内容、意思把握全面，这才能使自己在回馈给对方的内容上，与对方的真实想法一致。所以说，在倾听的过程中我们要等对方把话说完，不要急于表达自己的想法，这样才能更好地沟通下去，让对方知道你是真正在乎他的。

6.讲究方法，不要刻意追求方法

掌握基本的沟通技巧，最常用的技巧就是拣对方喜欢接受的方式去沟通，这样通常会取得正向的沟通效果。但是我们不要刻意用一种作假的"外

交”，“客气”的沟通方式会给对方一种伪装感或者应付差事的误解。

沟通启示

卡耐基说，与人交往，付出的十分真诚如果得到了八九分的回馈。那就是情有所值、利大于弊了。尽管有时候你没有收获同样的真诚，但你用自己的真诚形成的气场，将会吸引更多真诚的人来到你身边。

第 05 章
让别人赞同你：六个完美沟通技巧

>>>>>>

你是否想在与人沟通的过程中得到别人的认可和赞同？你是否想成为一个深受他人信赖的朋友？想必大家都会回答“是”。那么我们如何才能做到这些呢？其实，只要掌握一些沟通的技巧，一切就会变得得心应手。比如，对待他人的错误，我们要委婉指正，不要劈头盖脸一通批评；给他人安排工作，我们态度要亲切，不要颐指气使；对方遇到尴尬的事情，我们不要不管不顾，要巧妙地为他提供一个台阶……沟通并不是没有方法可循的，只有我们善于学习，善于总结，沟通过程将会变得越来越顺心。

调整好你自己的说话语气

如果对方与你说话时总是一副颐指气使的样子，你会愿意与他沟通下去吗？相信很多人都不愿意。所以，我们在与人沟通的过程中要学会调整好自己的说话语气和态度，这是深入沟通的前提。在和别人谈话中语气有着重要的作用，有的人说话对方容易接受、愿意接受，有的人说话对方就不容易接受、不愿接受或者很难接受。这其中的原因，大多是由于语气的不同造成的。一句同样的话，如果用不同的语气来说，就会起到不同的，甚至是相反的效果。

功夫不负有心人，经过多年的努力，陈刚终于在某城市混出了自己的一片天地，开了一家规模相当的公司。虽然也算混出了点成就，但是陈刚内心的烦恼也在与日俱增。这到底是什么原因呢？原来是因为招进来的员工总是干不了几天就离开公司，甚至包括一些管理人员。可是陈刚公司的待遇在同行业中是相当有竞争力的，为什么留不住人呢？陈刚心里感到非常纳闷。难道是公司的企业文化不行吗？

问题总不能这样一直耽搁着，陈刚决定请人帮忙。这一天，陈刚请来了他的好朋友李宁，李宁是一名资深的咨询师，主要负责企业文化这一块。一大早，李宁和陈刚一起来到了公司，准备上楼到陈刚的办公室去搞座谈，他们刚走进电梯，就听见陈刚开始冲着开电梯的大姐骂了起来：“你怎么这么笨呢？按电梯要先按关门再按楼层。”电梯大姐一脸委屈地低下了头。

在楼道里，陈刚又冲着一位打扫卫生的员工发脾气：“你怎么拖地的，拖地要从左到右拖三遍，从上到下拖三遍。”打扫卫生的员工看了一眼老板，毫无表情地低下头继续拖地。

到了办公室，陈刚看到了桌子上秘书新放的整齐的文件和日程安排表，他看了一眼后马上把秘书叫了进来，冲着秘书大声叫道：“我不是和你说过了吗？今天我有其他安排，你的日程是怎么安排的？”秘书眼里噙着泪水退了出去。

李宁看到了这几幕情形后，非常肯定地对陈刚说：“不用做什么企业文化咨询了，因为依我多年的经验看来，公司最大的问题就是你。”

陈刚听后感到很惊讶，因为在陈刚看来，对自己的下属发号施令是很正常的，怎么会是一个“问题”呢？

李宁很耐心地向他解释：“对待自己的员工、下属要严爱结合，像你这种颐指气使的样子，是没有几个人愿意在你下面做事的。想要留住人，就要把员工当人看待，学会尊重他们，不要总是用恶劣的语气指使他们。当你把自己对待员工的语气调整好了，你的问题就解决了。”

说话是人们交流信息、传情达意的一个重要手段。它所表达的意思是通过人们对其发音器官的有意识控制和使用而表现出来的。这种控制和使用的一个重要对象便是说话的声和气。恰到好处地使用声和气不仅能充分地表达说话者的意图和情感，而且还能使话语生机勃勃，充满艺术的感染力。

那么，怎样才能让自己的说话语气适合彼此的沟通交流呢？

1.与人交流要和声细语

没有人愿意被他人训斥，即便是自己真的犯错了，所以，想要与对方好好地把话说下去，我们就要记得语气一定要温和。

2.催问注意用语的分寸

催问时也要注意用语的分寸，应多用恳请语气。千万不可用“你怎么还没办完这件事？”“是谁说的今天就完成？这样耗着有意思吗？”“这个月底前必须处理！”等责问句或命令句，这会使对方有一种被“权势”压制的感觉，自身的价值得不到体现，帮了忙也是白帮忙。

3.和谐处事，遇事尽量保持冷静

一个人无论如何努力去维系自己建立的人际关系，仍旧无法避免与别人发生冲突。因为人与人之间的交往，或多或少都会产生一定的矛盾，这是无法完全避免的，这就需要人们培养自己和谐处世的习惯，遇事尽量保持冷静，说话语气保持温和。

沟通启示

如果你不能做到充满感情的、语气平和的对待他人，那么你就很难达到理想的沟通效果。正所谓“心诚能使石头开花”，真诚是讲话成功的关键。曾经打败过拿破仑的库图佐夫，在给卡捷琳娜公主的信中说：“您问我靠什么魅力凝聚着社交界如云的朋友？我的回答是：真实、真情和真诚。”

不要总是用命令的口气

美国著名的人际关系大师戴尔·卡耐基描述了自己的一段经历：

我常常在家附近的一座公园里散步，以此作为闲暇时候的消遣。因此我渐渐对公园里的花草树木起了爱护之心，每当有树林着火的消息传来时，我都会感到十分难过。

树林起火的原因大多是孩子在林间生火做饭造成的。有时火烧得相当大，非得借助消防队才可将其扑灭。虽然这座公园内立着一块警告牌——纵火者将

受到处罚，但是因地处偏僻，警察又疏于管理，以至于公园内仍然火灾频繁。

记得有一次，我匆匆跑去告诉警察，公园内有火星在扩散，请他立即通知消防队去扑火。可是他表现出一副漠不关心的样子，说那不是他负责的区域，不关他的事，这让我很吃惊。

自从那次后，我便常常骑着马，自己来担任维护公共财产的职务。最初，我一看到孩子在树下生火野餐时，就会立即跑过去，用严厉的口吻恐吓他们：在树下生火将会被拘捕，并命令他们马上将火熄灭。其实，我不该这样做的，因为我这样做只是宣泄了内心的情感，而丝毫没有考虑孩子的感受。他们虽然照着我的话做了，心里一定很不是滋味，所以我一离开，他们又把火点了起来。

几年后，我开始感到该向别人多学学怎样以他人的观点去看待一件事物，于是我不再命令别人。我在公园里再遇到玩火的孩子，就对他们说："嗨！小伙子们，你们玩得还高兴吗？你们要拿什么做野餐呢？我小的时候，也和你们一样，喜欢在野外生火做饭，现在回想起来还是挺有意思的。但是你们可别忘了，在公园内生火是很危险的。我知道你们不会惹麻烦，因为你们都是好孩子，而其他的孩子看到你们在生火，必然也会跟着玩起火来，回家的时候未把火熄灭，将会导致树叶、树木被火星引燃而发生火灾。要知道，若我们不好好爱护花草树木，这公园内就会没有树木了。你们大概不知道，在公园内玩火是会坐牢的。我不打算干涉你们，只希望你们别把火靠近干树叶，并且在回家时别忘了将火熄灭。假如你们下回还想玩，我建议你们去那边沙滩上玩，在那里就不会有什么危险。谢谢你们的合作，祝你们玩得愉快。"

这样一说，效果真的很惊人，孩子们都很乐意跟我合作。他们没有埋怨及反感，也没有感到自己被人强迫去服从命令，而是认为他们保全了面子与自尊。最后，不光我觉得满意，他们也觉得高兴，那是因为我考虑了他们的立场。

与人交往，多一点建议，少一点命令，这样彼此间的沟通效果才会越来越好。

1.不要伤害他人的自尊心

每个人都有自尊心和自己的行为准则，他们不希望别人用命令的口气来指责自己的行为，在家人之间是这样，在同事之间也是如此。即便你是对方的长辈、领导，但是这都不代表着你可以随心所欲地呵斥对方，懂得尊重他人是一个人起码的道德标准。

2.学会与他人商量着做事

有些家长在教育孩子问题上总是采用强制、独断的方法，其实这对孩子的教育是不利的。比如，提醒孩子做作业时，你可以说："今天的作业比较多，你是不是现在就该去认真做作业了呢？早点做完你就可以好好休息休息了。"而不要说："整天就知道玩！抓紧时间去做作业！"这样，孩子会觉得你尊重他，关心他的感受，就会改变对你的抵触情绪，消除或减轻隔阂，对你产生好感和信任，增进亲子沟通。

3.谨言慎行，想好再说

做事宜小心不宜大意，说话宜少不宜多。当我们把话说出口之前，最好先仔细想一想，这么说会不会得罪对方或造成困扰，还有记得别用命令的口气，不能怎么说高兴就怎么说，完全不顾对方的感受。

4.多用一些态度和善的词语

对于领导而言，要让员工尊重，靠的不是装腔作势的命令，而是尊敬地说一声："拜托！""多谢！"值得信赖的上司会对员工说："请你帮我复印这份文件，辛苦了。"在听者看来，这种说话语气更能让自己感到被尊重和愉快。

沟通启示

用命令去告诉一个人他应该做什么，他心里会很不舒服，而且他按照你的方式去行动的概率也很小。即便真的照你的话做了，心中也是诸多不满。所以，在与人沟通时，想要你的心愿能够达成，那就不要采取上级对待下级的命令口吻，而是应该采取温柔的姿态、建议的口吻，这种方式更能让对方愉悦接受。

巧妙解尴尬，给人台阶下

金无足赤，人无完人。在生活中，谁都可能犯错误和失误，都有可能陷入尴尬的境地。因而，给人一个台阶，是为人处世应遵循的原则之一。英国诗人华兹华斯说过："正义之神，宽容是我们最完美的所作所为。"给人一个台阶，正是宽容的一种体现，如果在与人相处的过程中你能做到顾忌他人的面子，给对方一个台阶，那么你的人缘一定越来越好。

小李在一家服装店上班，前些日子一位张女士从店里买走了一件大衣，可是今天她又突然来到店里要求退回。其实，张女士已经把衣服带回家并且穿过了，只是她老公不喜欢。张女士向小李解释说："这一件大衣买回去之后就从没有穿过"，要求退换。

小李拿到大衣检查了一下，发现有明显干洗过的痕迹。此时，小李想反驳，但是她想了想还是忍住了。既然张女士打着没穿过的幌子来退货，那么就算是自己跟她吵起来她也不会承认的，而且她已经精心伪装过了穿过的痕迹。这样，双方可能会发生争执。于是，机敏的小李说："张女士，我想确定一下是否你的家人无意间把这件大衣送到干洗店洗过了。其实，我也遇到过这样的情况，我曾经把新买的一件连衣裙和其他的衣服都放在了床边，结果我妈妈没注意，把这件新衣服和一大堆脏衣服一股脑儿塞进了洗衣机。不信您可以仔细看看，这件大衣的确看得出已经被洗过的明显痕迹。您可以再看看这一件新的大衣，跟您手上的确实是不一样的。”

张女士看了看证据知道无可辩驳，而小李又为她的错误准备好了借口，给她一个台阶——于是顺水推舟，张女士乖乖地收起衣服走了。

小李的话说到张女士心里去了，使她不好意思再坚持。一场可能发生的争吵就这样避免了。

与人沟通就要懂得给他人留面子，即便对方真的犯错了，我们也应该首先给他们一个改过的机会，这样我们就会避免很多的冲突。那么，如果与他人出现冲突，我们该如何给对方一个台阶呢？

1.可能伤害别人面子的事情不要做

当面羞辱人，进行人身攻击，大庭广众之下揭露别人的短处，公开强硬地给对方提建议，不看场合，赢别人太多，抢别人的风头、功劳和机会等，这些事情都可能伤害别人的面子，我们最好避开雷区，给他人留点儿余地。

2.换位思考，为对方着想

很多事情，你不是当事人，当然没有办法理解对方的感受，当对方陷入窘境后，一定要理解对方的那份难堪和尴尬，当你明白和理解了对方的感受后，就会有想要帮助别人的念头。

3.得饶人处且饶人

不要抓住对方的缺点和错处不放手，否则当你遇到问题的时候你也会有着吃不尽的苦头。不管对方是无意的还是有意，既然错误已经发生了，再说那么多的话也于事无补，所谓“得饶人处且饶人”，批评的话见好就收吧，别不留情面，他日对方若有了出头之日，定会向你讨这旧耻雪恨。

4.批评要讲究分寸

“好面子”是人的天性，因此，批评时为了不伤及他人的面子，可以先创造一种双方都能接受的氛围，如可以先对其进行表扬，等彼此距离拉近后，再进行适当的批评。但我们在批评对方的时候要注意态度问题，要懂得尊重对方，不要当着众人的面子批评，此外可以采取委婉暗示的方法进行批评。

沟通启示

生活中，人人都有下不来台的时候，学会给人台阶下，既可以缓解紧张难堪的气氛，使事情得以正常进行，又能够帮助尴尬者挽回面子，增进彼此的关系。要达到这样的目的，我们应学会使用以上技巧。

做一个对方眼中靠得住的人

刘伟是一个器材销售公司的销售人员，他来到该公司半年了，虽然时间不长，但是刘伟已经成为了销售主管。是刘伟的业绩太好才迅速当上领导的吗？其实，不全是这个原因。比起业绩来，刘伟做得并不好，而且相对于别的销售员来说，有点差，但是他却很懂事。或许这就是他得到提升的原因吧。

周一早上，公司按照惯例要给销售员开晨会。会上王总要对前一周销售员的业务状况作分析和讲评。当王总对刘伟的情况作分析的时候，却将刘伟两个客户遇到的不同情况混淆了，事实上，刘伟前天晚上提交的业务总结单上已经写得非常清楚了，王总不知是真的迷糊了，还是一时口误给说错了。

王总也意识到了自己的失误，停顿了下来不知道该如何是好，继续说下去吧，无异于掩耳盗铃，让下属笑话，不说吧又没法合理结束，因而站在那里不

知如何是好。这时候刘伟迅速站起来，说："对不起，王总，我昨天写业务总结单的时候，将两个客户的情况写颠倒了。"

王总顺势说："这样的错误怎么还犯呢？以前强调过好多次了，你现在立即给我重新填一份表，并写一份深刻的检讨，杜绝此类事情再次发生。"说完这话，王总望了刘伟一眼，眼里充满了感激。

临近下班的时候，王总将刘伟叫进了办公室，对他说："刘伟啊，你很机灵，也很会办事情，业务也做得不错，好好表现，我打算提你做业务主管，之前的业务主管表现不佳，我打算撤掉他。"

刘伟明白王总话的意思，高兴地点了点头说："谢谢王总的栽培，我一定好好表现，不辜负王总的厚望。"

没过多久，刘伟真的被提升当了业务主管，所有的销售员都归他管理，一下子当上了领导，这让刘伟还真有点不习惯。当别的同事向刘伟询问如何当上这个业务主管的时候，刘伟露出了诡秘的微笑。

刘伟用自己的聪明才智巧妙地化解了王总的尴尬，维护了领导的颜面，这样一来，刘伟迅速赢得了王总的信任和感激，成为了王总心里靠得住的人，也为自己的前途打好了基础。朋友们，想要别人赞同你，你就要学会做一个对方眼中靠得住的人，赢取对方的信任。以下几点将会给你一定的启发。

1.顺应形势，化解对方尴尬

如果在一场交流中对方因为某种原因出现尴尬的局面，我们不要不管不顾，甚至看人笑话，而是要懂得结合当时的形势给对方一个台阶，为他们化解当时的尴尬。当你帮助他人走出困境时，对方一定会对你表示感激，你在对方的心里也会成为一个值得信任的人。

2.积极站出来承担责任

当自己的领导犯了错误之后，作为下属的你要及时站出来承认错误，承担责任。就如同故事中的刘伟一样，将领导的错误归咎在自己的身上，成功地为

领导化解了尴尬，领导自然会信任他、重用他。

3.待人坦诚，赢取信任

人际交往中，坦诚的语言往往会带来意想不到的效果，毕竟纸是包不住火的，刻意的隐瞒是行不通的。生意人更应该如此，想要财源不断，那么就要坦承自己商品的优缺点，这样才能顾客盈门。

4.学会保护他人的隐私

揭发朋友的隐私是种没有修养的行为。人都有自己不愿为人所知的东西，总爱探求别人的隐私，关心别人的秘密，不仅庸俗，而且让人讨厌，这种行为本身就是对朋友人格的不尊重，也可能给别人惹来意外的灾祸。

沟通启示

我们无法想象一个对我们心怀戒备的人会听从我们的建议，有时候，这让我们很困惑，究竟怎样做才能取得别人的信任，从而让他们听从我们的劝说呢？相信大家已经从上文中找到了很好的答案。总的来说，想要在对方心里占据一定的地位，就要懂得沟通，让自己成为对方眼里靠得住的人。

批评人也可以不得罪人

办公室里，莉莉和同事小语正在认真地讨论着工作上的问题，这时莉莉接到经理的电话。“莉莉，你抓紧给我过来一趟！”还没来得及回答，对方就“啪”的一声挂了电话，此时莉莉内心可以说是忐忑不安，硬着头皮走进了经理办公室。

“你这个月干什么去了？有没有带着大脑上班？这么差劲的销售业绩你

怎么就不羞愧呢？你看看人家陈晨，刚来两个月的工夫，业绩就飙到本月第一名。你以为我能让你拿这么高的薪水，我就不能让别人拿的比你更高？再这样下去，你这个销售冠军还能坐多久？”还没等莉莉开口，坐在老板椅上的经理就一顿连环珠炮般地轰炸，顺便把一叠厚厚的报表扔在莉莉面前。

“不是这样的，您听我说，其实……”莉莉本想趁这个机会就此事与经理正面沟通。

“还有什么好解释的，做的不行就是不行，你回去好好想想吧！我再给你一个月的机会，要是下个月你的业绩还不能提升，那我就要扣你年终奖金了。我还有事要忙，你回去吧。”经理不耐烦地摆手示意莉莉出去。

莉莉非常生气也非常难过，她不明白经理为什么不听取自己的想法，就这样劈头盖脸地把自己骂了一顿。一直以来，自己在公司可以说是尽职尽责，在拓展公司业务，开发客户的事务上一直做得非常好，这些年来她拓展了公司近30%的现有市场。客户的投诉率一直保持在全公司最低，年年被评为优秀员工。这个月莉莉被经理分派到刚开发的新市场，客户数量不多，但与前期相比正以10%的速度扩充。再加上本月由于公司总部发货不及时，有很多客户临时取消订货单，销售额与成熟市场当然不能媲美。

陈晨是公司的新人，工作能力不可否认，由于经验不足，公司一开始就把陈晨安排到老市场。老市场客户源稳定充分，客户关系网坚固牢靠，形势大好，自然丰收在即。莉莉心里觉得经理这样劈头盖脸的骂自己非常不对，内心感到很委屈。

批评是否成功，很大程度上取决于你采用的批评方式。没有人喜欢被批评，不要相信“闻过则喜”。一味地指责别人或者简单地说明你的看法，那么除了令别人厌恶和不满外，你将一无所获。那么，怎样批评对方才能取得良好的效果呢？

1.先肯定，后批评

你可以这样说："我觉得你这个人平常做事挺认真的，这次怎么能这么疏忽大意呢！"如果能将肯定属下、赞美员工的表达方法运用得很巧妙，你将会成为深受属下爱戴、尊重的上司或领导！

2.不要很快进入正题

做错事的一方，一般都会本能地有种害怕被批评的情绪，如果很快地进入正题，被批评者很可能会产生不自主的抵触情绪。即使他表面上接受，却未必表明你已经达到了目的。所以，先让他放松下来，然后再开始你的"慷慨陈词"，这样才能达到比较好的效果。

3.幽默地批评他

幽默的语言是以轻松的方式启发和教育人。采用幽默批评法，可以用意味深长的语言、表情和动作指出员工的缺点和错误，使其在笑声中思考和改正自己的错误，达到批评的效果。

4.就事论事，不牵扯其他

在进行批评教育的时候，要懂得就事论事，对事不对人，切忌把问题扩大到对方的人品、态度、修养等方面，类似于"你简直是愚蠢至极、没见过像你这样笨的人、你的人品真的是有问题、不要这么没素质、你也够窝囊了、你怎么一件事也做不好……"等定论似的评价，往往会招致不良后果。

沟通启示

批评而不得罪人，这是一种智慧，也是一种能力，职场之中，批评与培养情感看似相互矛盾，实则它们却是相互统一的。当然，只有把握对事不对人的原则，二者才会协调统一起来，从而达到既不伤害感情，又能解决问题的目的。

掌握沟通的主动权

沟通是一个多方交流的过程，如果想把话题引向自己的方向，你就要懂得如何掌握沟通的主动权，这样才能把对方成功说服，让对方赞同你的说法。谁能掌握主动权，谁就能引导话题朝着有利于自己的方向前进，最终成功说服对方；谁失去了主动权，谁就有可能陷入被动，被人牵着鼻子走，最后对方即使勉强同意了你的观点，也是不甘心的。

小曦是一位房地产销售人员，一天，客户陈先生要求实地查看房子。在看房的过程中，她发现陈先生对这套房子总体还是比较满意的，但有一些异议。

陈先生："我觉得价格有点超出我的承受能力。"

小曦："陈先生，其实这套房子的价格是非常划算的，您可以参考一下周围的房价。"

陈先生："可是您也知道，这个地段离着市里很远，我不明白为何房价还这么贵？"

小曦："您说得对，但是这个地方是政府未来规划的重点区，发展潜力很大。我想问一下您计划全款购买呢？还是首付加贷款？"

陈先生："对于我当前的经济承受能力来说，全款是不太可能了，我只能选择贷款，而且年限也比较长的。"

小曦："按您说的情况来推算的话，其实您的经济压力已然没有您想象的那么大了。"

陈先生："贷款买房是一种负担，您为什么说不会有压力呢？我现在最担心的就是这点。"

小曦："那么请再容我问您一个问题，您现在每年租房的租金大概是多少？"

陈先生："差不多五万。"

小曦："那您觉得这栋房子未来能以每年5%的速度增值吗？"

陈先生："希望还是很大的，因为这个地方的交通十分便捷，我还听我的朋友说近两年这里将启动一个十分庞大的市建工程。"

小曦："您说得没错，这一切很有可能使它的价值在短期内上涨。"

小曦："现在我为您制定一个长远打算如何？"

"怎么打算？"陈先生似乎非常感兴趣。

"您以每年6万元的价格将这栋房子买下来，贷20年款，20年后这套房子就完全属于您了。而且您还可以享受它为您带来的年均5%的增长，足以缓解您的贷款压力。"

经过小曦的一步步引导，陈先生已经慢慢地融入到这段谈话里，刚开始陈先生考虑的是当前房价过高的问题，现在他更关心的是长远利益。终于，小曦在这一番谈话中占据了主动权，陈先生甘心被说服，并且决定购买这栋房子。

掌握说话的主动权才能最终达到说服对方的目的，如果推销员在向客户推销自己的商品时，不能掌握说话的主动权，最终也一定不能够完成自己的任务。那么，在与对方沟通的过程中，我们如何才能更好地占据话语的主动权呢？

1.注意观察他人

说话一定要看对象，要根据说话对象的不同情况来确定自己说话的方向。如果是一个豪爽的人，那你说话就应该豪爽一点；如果是一个内秀的人，说话就应该文明一点，这样大家才会喜欢你。所以，在张口说话前一定要注意观察对方。

2.用心倾听对方的言论

如果你想成为一个善于谈话的人，那么首先你要成为一个善于倾听的人。一个懂得倾听的人比总是滔滔不绝的人更让人喜欢。听人谈话时，可以通过赞同的微笑、肯定的点头，或者手势、体态等做出积极的反应，表现出对谈话内容的兴趣和对谈话对象的接纳与尊重。

3.用发问的方式引导对方

对方说话时，原则上不要去打断，可以适时地发问，比一味地点头称是更为有效。一个好的听者既不怕承认自己的无知，也不怕向说者发问，这样不但会帮说者厘出头绪，而且会使谈话更具体生动。

4.学会理让三分

在特定场合，特别是当你的观点处于不利的境地时，为了达到说服对方的目的，你不妨先有意识地退一步。肯定对方的观点有其合理性，然后在获得对方信任的基础上再寻找机会，通过摆事实、讲道理等方法巧妙地提出你的观点，赢得主动，从而最终有力地说服对方。

沟通启示

通过曲折迂回的方式，使对方顺着你的思路进行思考，往往会收到事半功倍的效果。控制说话的主动权，不能让谈话失去方向，这样才能达到自己想要的效果。说服他人，而不被他人说服，最重要的就是掌握谈话的主动权。

第 06 章
注意沟通禁忌：别让祸事从口出

一些人说话不顾及场合，常常在公共场所说话滔滔不绝。殊不知，很多时候就会给自己造成“言多必失”的境地，有可能还会为自己带来一些不必要的麻烦，所以在与人沟通的过程中一定要明白哪些话该说，哪些话不该说，否则真的会祸从口出。不良的沟通、没有达到预期效果的沟通，都是由于沟通者不自觉地触犯了影响良好沟通的禁忌。那么，在与人沟通时，哪些行为是应该禁忌的呢？本章我们将为大家进行详细地介绍。

遇人不言人过，说话不揭人短

俗话说的好，“寸有所长，尺有所短”，每个人都不是完美的，都有一定的缺陷，所以在与人沟通的过程中，我们要懂得说话的技巧，切忌揭人短处，戳到别人的痛点。例如，某个人曾经有过一段不光彩的经历，或是小偷小摸，或是小打小闹，或是受到过制裁，这些对他们来说都是不想提起的往事，如果你说话不注意或者是为了压服对方而拿出这些来打击他，那么你的这种行为不仅伤害了他们的自尊，还会收到周围人的蔑视，最终你的人际关系将会出现严重的危机。“打人不打脸，说话不揭短”已经成为人们普遍重视的信条，在与人沟通的时候大家一定要谨记这一点。

有一天，窦太后召见一个很有名气的儒生，叫辕固生，请他谈谈《老子》一书的要旨。辕固生轻蔑地说：“这是村妇的看法，不值一提！”

恰巧太后出身农家，听后勃然大怒，大声责问说：“难道要读司空、城旦书吗？”为了惩治这个顽固的儒生，太后命令辕固生：“书不要读了，把你送进猪圈，看你有没有能耐将那口野猪制服？！”

辕固生无意之中的揭人之短，因一言而获罪，实在是冤枉得很啊。幸好，边上的景帝悄悄送给辕固生一把利刃，才把野猪刺死，留得性命。然而朱元璋的一个朋友就没有那么幸运了。

明太祖朱元璋出身贫寒，做过牧童、和尚、乞丐，经历了很多的磨难，最

终登上了皇帝的宝座。

朱元璋富贵了之后，昔日的穷亲戚、穷朋友就到京城投靠他。这些人都以为朱元璋会念在昔日共同受苦的情分上，给他们个一官半职。

谁料到，朱元璋最怕的就是别人知道他的老底，翻他的旧账。这样对于他的威信大大有损，因此，朱元璋对来访者大都拒而不见。

但是，有位儿时的好友能耐不小，几经周折总算进了皇宫。朱元璋不得不见上一面，谁知那位儿时好友一见面，便当着文武百官大叫大嚷起来："哎呀，朱老四，你当了皇帝可真威风呀！还认得我吗？当年咱俩一块光着屁股玩耍，你干了坏事总是我帮你顶着。记得有一次咱俩一块偷豆子吃，你吃得太急，豆子卡在了嗓子眼儿，还是我帮你弄出来的。怎么，不记得啦！"

听得那位老兄喋喋不休越说越离谱，朱元璋脸色一阵青、一阵白，最终坐不住了，大喝一声："住口，你是何许人也，敢在此地大放厥词，来人，给我拉出去斩了。"

这位老兄也很冤枉，还不知道自己什么地方做错了，就懵懵懂懂地丢了性命。

辕固生和那位穷朋友都犯了一个忌讳，即揭人伤疤。

"一句恶语三伏寒"，伤害人的话说出口，给对方的自尊造成伤害的同时，对方的"自卫反击"也会给自己造成伤害。因为被击中痛处对任何人来说，都不是一件令人愉快的事。所以说，我们在与人沟通交流的过程中一定要提高自己的修养，不揭人短处，和善交流。

1.学会体察别人的心思

与人交往和交流，其实就是在交心，应该学会体察对方的心思，体贴对方的心理和需求，不能张口就来，甚至哪壶不开提哪壶，这样就容易得罪别人，造成关系的破裂，阻碍了正常的交往。

2.对待有缺陷的人说话要有所回避

俗话说："当着矮子不说短话。"当着个头低矮的人，最好不要提及"短""小"以及"木墩""武大郎"等与矮小相联系的话语，免得别人由多心而伤心。当着犯过罪、判过刑的人，最好不要提及"监狱""罪犯"等与他的忌讳相关联之事。否则，他会认为你在指桑骂槐。

3.巧妙委婉指正别人的错误

有时候，对方的缺点和错误无法回避，必须直接面对。当你指出对方的缺点和不足时，要顾及场合，别伤及对方的面子。这时就要采取委婉含蓄的说法，避免发生冲突。尤其要注意"避人所忌"，面对别人在生活中遇到某些不尽如人意的事时，最好不要主动引出这些有可能令对方尴尬的话题。

4.心怀宽容，接纳更多不同的声音

有一点宽容和善良之心，不要把别人的观点、做法看得一无是处。俗话："人活一张脸，树活一张皮。"没有几个人不在乎自己的颜面。聪明人会尽量给他人留面子，因为他们相信，只有自己处处给别人留足面子，自己才会收获面子。

沟通启示

在为人处世中，场面话谁都可以说。但并不是谁都会说，稍不注意，也许你就踏进了言语的"禁区"。触到了对方的短处和痛处，做了对方忌讳的事，对他人造成了一定的伤害。如果你不了解对方的性格、经历和背景，那么就尽量少说对方的缺点，多说对方的优点和长处。一个人能照顾他人的感受，不谈论他人的是非，不对他人责难，就一定会赢得好人缘。

玩笑讲分寸，不可随意开

与人沟通，想要拉近彼此的关系，我们需要必备一项技能，那就是开玩笑。开玩笑不但可以活跃气氛，融洽关系，增进友谊，还可以让开玩笑的人具有幽默感。但是，凡事都有个“度”，超越了这个“度”，不但达不到自己预想的目的，还会弄巧成拙，适得其反。所以说，我们一定要把控好这个“度”，这样既给人带来一种亲切的感觉，又能让自己因玩笑而带来意想不到的收获。

王琦和孙成是某公司的员工，他们两人是同时进入这家公司的，因为工作任务相似，两人被分配到了一间办公室，不久，年龄相仿的两个年轻人迅速成为了好朋友。王琦长得高大、帅气，再加上性格活泼、开朗，在办公室里很受大家的欢迎。而孙成则恰恰相反，不但身材较矮、长相难看，而且性格也较自卑、内向，不擅长交际。

周一中午吃完午饭，办公室里的人都在休息。这时王琦走到孙成的背后，想看看他做什么。当王琦发现孙成正在用手机看他和女朋友的相片时，王琦把手机从他背后一把夺过来，并像发现了新大陆一样故意大声喊：“哇塞，孙成谈女朋友了，大家快点过来看看啊，长得好漂亮！”，说完便把手机递给了大家传阅。

一时间，好多同事都被召集了过来，大家纷纷围着看照片，对孙成女友的长相赞不绝口，这时候王琦开玩笑地说：“孙成啊，你真的是太幸运了，找到这么漂亮的女友！真是一朵鲜花插在牛粪上，潘金莲遇上武大郎了！”说完还一直喋喋不休地重复着。孙成生平最恨人家说他长得矮，现在王琦不仅当着众人的面说他是武大郎，还说他女朋友是潘金莲，这让孙成非常生气。孙成一把夺回手机，并将王琦推倒在地。这一推把王琦惹火了，于是两人便在办公室里

扭打起来……

不管是工作中还是生活中，适度、得体的玩笑，可以使周围的人松弛自在，并能营造出适于交际的轻松活跃的气氛，这也是具有幽默感的人更受欢迎的原因。然而，如果玩笑无度，或者是拿人的短处肆意开玩笑，不但收不到好的效果，更会造成严重的后果，破坏双方关系，影响交际。

那么，对于开玩笑的问题，我们该如何把控，需要注意点什么呢？

1.分清玩笑的实质，不要以为捉弄他人也是开玩笑

捉弄别人是对别人的不尊重，会让人认为你是恶意的，而且事后也很难解释，这绝不在开玩笑的范畴之内：轻者会伤及你和对方之间的感情，重者会危及你的“饭碗”。记住“群居守口”这句话，不要祸从口出，否则你后悔晚矣。

2.开玩笑要顺其自然，不要生硬地开玩笑

不同性格的人应该根据自己的性格特点寻找与他人相处的方法，千万不要为了表现友好勉强自己变得幽默。若是为了拉近与对方之间的距离或者想表现自己的幽默感，强迫自己生硬地去开玩笑，那么结果不但会导致该玩笑不好笑，反而会让自己的笑话变成冷笑话，导致不良的效果。

3.开玩笑要分清场合

不是任何场合都适合开玩笑的，所以说我们不要任性而为，否则你的行为就成了一个“笑话”。处处安静的环境中，我们不要开玩笑。如大家都在安静地学习或者是忙碌工作的时候；场合比较正式或者紧张严肃的时候，不宜开玩笑。如参加庄重的会议或社会活动的时候；在悲哀的环境当中，不宜开玩笑。如参加吊唁活动或探望病人的时候……

4.开玩笑要分清对象

和长辈、晚辈开玩笑忌轻佻放肆，特别应忌谈男女情事。几辈同堂时的玩笑要高雅、机智、幽默，解颐助兴、乐在其中。在这种场合忌谈男女风流韵

事。当同辈人开这方面玩笑时，自己以长辈或晚辈身份在场时，最好不要掺言，只若无其事地旁听就是。

此外，开玩笑不要揭人短处，对特殊的人群要有所避讳。比如，和残疾人开玩笑，注意避讳。人人都怕别人用自己的短处开玩笑，残疾人尤其如此。

5.开玩笑要分对时机

在人高兴的时候，你怎么开玩笑都不为过，但是如果对方心情极为糟糕，你再去开玩笑打趣就不适合了，毕竟对方此时需要的是安慰和帮助。此时的玩笑，极有可能被对方误解为你在“看人热闹”。即使是同一个人，在不同的时间里也会有不同的情绪。例如，工作不顺利，遭到领导批评，家庭发生矛盾等，情绪都可能会出现低落。这时，就绝不适宜去开玩笑。

沟通启示

开玩笑的过程，是感情相互交流传递的过程，是善意的表现。如果借着开玩笑对别人冷嘲热讽，发泄内心厌恶、不满的情绪，甚至拿取笑他人寻开心，那么除非傻瓜才识不破。或许对方并没有与你恼火、争执，你似乎占尽了优势，但是你的行为也会为周围人所不齿，他们也不愿再与你交往。

注意形象，远离消极口头禅

口头禅最初是佛教禅宗用语，本意指未经心灵证悟就把一些现成的经言和公案挂在嘴边，装作很得道的样子。演变至今，口头禅成了个人习惯用语的代名词，仿佛未经大脑思考就已脱口而出。很大一部分人都有各自的口头禅，就像每个人都有不同的习惯动作一样。在不知不觉中，它已构成你个人形象的

一部分，甚至是重要的一部分。但是说话带口头禅，这是一种很不好的语言习惯，它不仅有损风度，更有损我们在他人心目中树立的良好形象。尤其是那些张口就来的消极口头禅，可以说是无形中给自己带来了很大的影响。

比如，“都行”“我不知道”“随便”这类口头禅含有很消极的意味，这样说的人大多没有主见、能力平庸，对待工作不认真负责；喜欢使用“这个”“那个”“啊，嗯”这类口头语的人大多较为迟钝、不善言辞，性格内向；喜欢用“可是”“我觉得”这类口头禅的人比较任性，过于主观，喜欢为自己进行辩解……不同的口头禅给人带来不同的印象，为了语言更为简练、准确，请戒掉你的口头禅吧！

章慧慧在某公司做业务员，她对待工作认真负责，对待同事热情而又有礼貌，但是有一点很令领导担忧，章慧慧的签单率非常低。每次给客户打电话对方都不耐烦，拜访客户的时候也不受欢迎，章慧慧非常气馁，思来想去，她怀疑问题出在自己的口头禅上。

章慧慧也是在一次给客户打电话时，才发现自己总是动不动就说“然后后来”这四个字。纵然讲话的内容确实有个先后顺序，那也不一定句句都要加上“然后后来”。再说了，有些话语之间根本就不适合用“然后”来连接。章慧慧就自我分析了一下，然后就发现之所以总是说“然后后来”，多半是因为在说下一句之前，脑子出现了片刻的空当，无法自然流畅地衔接，于是“然后后来”就挺身而出。

认识到这个口头禅不好后，章慧慧就换了说法“完了呢”来替代。几天过后效果依然很差，章慧慧开始将自己和客户的说话录下来，反复听，她发现“完了呢”也是一句不良口头禅，听得自己都很烦，“完了呢，我把账号打给你；完了呢，你就去银行打款；完了呢，我去查看；完了呢，我们就发货，完了呢，你去提货……”往往是章慧慧这边还没“完了呢”，那边已经挂机了。

从此以后，章慧慧开始下意识地练习说话，把不良口头禅都扔得远远的，

她的沟通能力果然提高了，签单量也提高了。

口头禅大多在无意识中不自觉地形成，它反映了人们身上某些修养的欠缺，有的较明显，有的则从微妙的细节中体现出来。我们出于工作和社交的需要，经常与人交谈，所以，要想给人留下彬彬有礼、谦逊而干练的美好形象，必须戒掉不良口头禅，养成良好的说话习惯，这样，我们的沟通才会更加顺利。

良好的沟通离不开良好的语言习惯，对待口头禅的问题，大家一定要提高注意力。

1.认识到危害，减少使用次数

想要改正不良的语言习惯，就要充分地认识到口头禅给自己带来的影响，使自己对它们产生一种厌恶感，减少使用它们的次数，或者换一种方式表达。另外，还要不断地进行自我反省，时刻为自己敲响改正不良习惯的警钟。

2.做好承诺，坚决执行

许一个改掉不良习惯的诺言，并忠于它，不以各种借口原谅自己。有人说：如果容忍自己的不良习惯一次，就能容忍一千次、一万次。因此，如果已经下决心改掉不良的口头禅，就必须坚定地“痛改前非”，绝不能原谅“每一次”。

3.放慢说话的速度

好多口头禅和说话速度过快或者急于表达有关，因为语速太快，思维跟不上，上句不接下句的空当里，各种各样的难以消受的不良口头禅就可能涌出来，比如：是吧？对不对？完了以后、然后、后来等。

4.严禁说脏话

有些人讲话时经常使用如“他妈的”“混蛋”“胡扯”或者更加粗俗不堪的语言。这种口头禅给人鄙俗浅薄、低级下流的感觉，容易给人留下非常恶劣的印象，不仅降低了自己的身份，还会使人极为厌恶反感。

5.增强意志力，相信自己

要改掉坏习惯关键在于决心和毅力。而一个人的坚强意志则是通过千百件的小事长期锻炼出来的，可以说改掉不良的口头禅也是对你的意志力的一种磨炼。相信自己一定会获得成功！

沟通启示

口才好的人说话总是精确而细腻，丰富而活泼，而不是来来回回嚼着一个词。所以，那些使人觉得累赘至极的口头禅尽量早日消除为好，在正式场合尤其要注意。

要明白：什么该说，什么不该说

君子有所为、有所不为。聪明人的嘴也一样，有所言、有所不言。但偏偏就有些人非常“热心”，或者就是闲着无事，喜欢捕风捉影，说些无根据的话，结果传来传去，就成了一把伤人的刀。在与人沟通的过程中，我们一定要给自己的嘴巴“把好门”，注意什么该说，什么不该说，否则终有一天将会“祸从口出”。

尚小凯在一家公司的后勤部任职，后勤部平日的工作量不大，但尚小凯凡事力求完美，尽可能地赢得上司的赞赏。

刚开始的一段时间，尚小凯不主动跟他人交往，与他人说话不多。可时间长了，大家混熟了话也就多起来了。这个时候，同事董晴与尚小凯走得很近，有事没事就过来找尚小凯聊天。一开始，尚小凯不怎么喜欢她，因为尚小凯知道，董晴是公司有名的“大嘴巴”，什么话到她嘴里就等于上了广播，跟她聊

天总得句句小心，万一说了什么不该说的，自己的前程说不定就毁了。

虽然尚小凯爱理不理的，但董晴根本不在乎，依然天天找尚小凯说话。慢慢地，尚小凯禁不住董晴天天的“聊天攻势”，开始和她搭话了，尚小凯在聊天中慢慢发现，董晴似乎对老板非常不满意，经常说老板不公平，干同样的工作给不一样的工资。她还告诉尚小凯，每次加薪时，老板都分三六九等，董晴甚至说老板鼠目寸光，也只能开个小公司之类的话。一开始，尚小凯听到这样的话时，会站在一个比较公正的立场帮老板说话，可时间长了，彼此太熟了，尚小凯对董晴已不再有什么顾忌，有时候也随着董晴发几句牢骚。

其实，公司在加薪这个问题上，尚小凯也一直不满，只是他不敢多说而已。尚小凯在公司已经工作了三年，可总共才加过一次薪水。刚开始，尚小凯认为可能是自己的能力还不行，于是更加用心地积极工作、表现自己，可最后薪水仍然没有看涨，这让尚小凯大失所望。

由于长期受董晴的影响，尚小凯慢慢地也变得口无遮拦，把自己内心的不满用语言表达出来，最后，尚小凯的诸多不满都传到了老板耳中，尚小凯被开除就在情理之中了。

最后，尚小凯懊恼的只有一件事，那就是为什么自己说错几句话就被解雇了，而董晴却还在公司干得好好的。

工作场合，有些话一定不能说，如果你的嘴巴上没有个“把门儿”的，那么你早晚也会像尚小凯一样不知不觉就被解雇了。或许你觉得别人都在背地说他人坏话，我掺和一两句也没事。但是事实并非如此，在社会上，人比人，气死人，别人敢骂，肯定是不怕，或许是因为有靠山，或许知道自己在公司不可替代，所以才肆无忌惮。因此，大家在与人沟通的过程中一定掌握好说话的分寸，切忌胡言乱语。

那么，怎样才能掌握好什么该说、什么不该说呢？

1. “三思而后说”

在交际场合，我们要认真倾听对方的谈话，做到多听多想少说，在倾听的同时开动脑筋，考虑好怎样回答比较得体。

2.严禁四处散播他人隐私

没有得到朋友的同意，不要向外人透露朋友的年龄或收入状况。特别是未婚的年轻女性，年龄一般都是秘密，而对于男人来说，收入算是秘密。这些都不愿被人所提及，你逢人就把朋友的这些秘密透露出去，时间久了，谁还会和你做朋友呢?

3.不要炫耀自己以前多神气

无论你过去做过多么轰轰烈烈的事情，现在的你，就是公司中普通的一员，要和你现在的同事一起工作，所以说，不要总是炫耀你当年的成就。炫耀以往的辉煌只能说明你现在的不如意，只能说明你现在的能力不及以前了，同事未必会因为你过去的荣耀而敬重你。相反，可能会因为你现在的不如意而看不起你。

4.适当沉默，少说多听

沉默本身不是金，只是一个炼金的过程，将各种情况进行综合分析，得出一个相对合理的结论后，才谨慎发言，这样，他给人捧出来的总是金子，自然会被人认为是一个极有价值的人，因而受到重视和信任。适当的时候，我们要懂得沉默，一个沉默的人比喜欢夸夸其谈的人更令人尊重。

沟通启示

不论一个人说话的内容如何精彩，但如果时机掌握不好，不懂分寸，就无法达到说话的目的。因为听者的内心，往往随着时间变化而变化。要对方愿意听你的话，或者接受你的观点，都应当选择适当的时机。

沟通禁忌：心直口快得罪人

陈晓燕在大学结识了一个朋友吕萌萌，由于吕萌萌反应快，为人又开朗，所以每次聚会时都能把气氛搞得很活跃。后来陈晓燕和吕萌萌分到了一个寝室，由于变得更加熟悉，陈晓燕渐渐发现吕萌萌说话经常是不分场合、口不择言，让人很是郁闷。

一次，班上几个要好的男生女生一起去公园玩，吕萌萌帮陈晓燕和其他两个女生拍照时，竟然当着众人的面大声对陈晓燕说："嘿，我要走远一点才能把晓燕拍进去，要不镜头快装不下去了。"陈晓燕知道自己上了大学变胖了不少，可是当着这么多人面说自己，不是让别人笑话嘛！

还有一次，陈晓燕在服装店试穿一件当年非常流行的娃娃装，当陈晓燕穿出来问吕萌萌怎么样时，吕萌萌说一般也就算了，可她居然还当着那么多店员的面自以为风趣地说："你要是穿成这样出去，人家还以为你怀了双胞胎呢！"气得陈晓燕脸都发白了。

吕萌萌不仅对熟悉的舍友如此"童言无忌"，就算是跟关系不是很熟的其他人也是一样。一天，舍友王慧的朋友小米来找王慧玩，小米刚买来一件新裙子，想来跟她分享自己的喜悦。这时，寝室的姐妹们不约而同地夸其漂亮，但这时吕萌萌却不假思索地说道："说句实话吧，你长得过于肥胖，根本不适宜穿连衣裙，况且这种颜色把你显得太嫩……"

吕萌萌的话音刚落，原本兴致勃勃的小米一愣，周围大赞其衣服漂亮的姐妹们也颇感尴尬，小米以后再也不愿意来她们的寝室了，因为寝室里有一位嘴巴锋利的"魔女"。慢慢地，舍友们便在无形中将吕萌萌"隔离"起来，极少就某件事情征求她的意见，于是，她便成为寝室里名副其实的"外人"了。

很多人往往不注意自己和别人沟通的方式，只凭一时痛快，也根本不去想自己犀利的言辞会对别人造成怎样的伤害。不经过大脑思考的话往往使对方的内心“很受伤”。所以，在你要把某句话说出口之前，要先想想看，如果别人对你这样说，你会作何感想？

那么，对于心直口快的人，有哪些建议可以参考改正呢？

1.说者无心，听者有意，我们要谨言慎行

小心“说者无心，听者有意”，这是会说话的人开口的大前提。一个懂得如何沟通的人懂得如何保护自己，说话、做事从不锋芒毕露，更不追求完美。因为懂得“说者无心，听者有意”的道理，而从不会把自己置于危险的境地。

2.说话要有讲究，还要懂得换位思考

要避免口快带来的不良后果，在讲话时就应注意方式、方法、场合和对方能接受的措辞。可根据对方不同的性格，“对号入座”地进行有的放矢的交谈，目的是能达到预期的效果。此外，我们要懂得换位思考，当你站在他人的角度思考问题的时候，你就能体会他人的感受，那么你就不会出现“出言不逊”的状况，也懂得了沟通的技巧所在了。

3.懂得尊重，给他人面子

三人行，必有我师。世界上没有两片完全相同的树叶，人对事物的观点看法也是不同的，抱着一种学习的态度去与人沟通交流，这是产生尊重的基础。尊重能保持你在交流中的良好姿态；尊重能让对方感觉到你的真诚可敬；尊重能让人向你展示心灵最深层。所以，不要肆无忌惮地去捅破别人的那层纸，尊重是一种美德。

沟通启示

在和人交谈时，切忌把谈话当成一种竞赛，一定要分出个高下，这样极易伤害彼此的情分。所以，为了与他人有更好地沟通，这种谈话方式必须舍弃，用理性、不具侵略性的谈话，才能使别人更容易接受你，而不至产生排斥感。

第 07 章 拒绝灵活有度：解放自己也不得罪他人

》》》》》

在与人沟通的过程中，总是会遇到无法接受对方的要求和建议的时候，而这个时候就要学会拒绝对方。可是，拒绝对方是要掌握一定的技巧的，如果采用直截了当的生硬态度去拒绝对方，那就有可能立即造成矛盾尖锐的敌对气氛，对整个沟通的结果产生消极的影响。那么，如何灵活有度地拒绝他人才能不会伤了感情呢？相信大家通过本章的阅读一定会找到其中的技巧所在。

拒绝他人的方法有哪些?

法国著名作家雨果在成名之前是一个名不见经传的小作家，平时很难收到请柬，可在他成名后，大家都以能请到他赴宴为荣，于是一张张的请柬在他的办公室里堆成了一座山。面对这些请柬，就连一向满脑子点子的雨果都感到无可奈何。

该怎样处理这些请柬呢？直接拒绝显然是不行的；但如果要一一回复，又实在是忙不过来。到底该怎么办呢？经过一番思考，雨果终于想出了一个两全其美的办法：将自己的头发和胡须剪掉一半，以显示自己“无脸见人”。

当有人来请他赴宴时，他笑嘻嘻地指着自己的胡须和头发说：“您看我这样的头发和胡须还有脸见人吗？”邀请者见到雨果这副模样，只好悻悻而走。

雨果使用诙谐幽默的拒绝方法，不但达到了拒绝的目的，而且还不至于伤害对方的自尊，可以说是一举两得。在与他人沟通的时候，我们都知道懂得拒绝是讲究方法的，那么有哪些方法我们可以学习呢？

1.拖延时间，不得罪小人

“小人”的行为不受道德的控制，他们极易做出一些超乎我们想象的事情，所以我们尽量不要与他们发生正面冲突。哪怕对方所提出的要求我们无法满足，也不要直言拒绝，而应表现出自己应有的“尊重”，尽量拖延，让小人慢慢接受被拒绝的过程，这样对他而言会轻松很多，而且他也不会对拒绝自己

的一方产生怨恨。

2.态度明确，委婉拒绝

拒绝他人时，既要具体明确，又要委婉亲切。委婉而坚决地说“不”可能也会产生新的问题，但是它却对维持良好的人际关系很有效。如果你总是模模糊糊说不清，那就极易让对方搞不清状况，最终误解你的意思。等到时候你再拒绝，那麻烦就更多了。

3.不同的人采取不同的拒绝方式

或许一个品行不良的朋友会来向你借钱，一个相熟的商人会向你推销物品，父母会催促你去相亲等。面对不同人提出的不同要求，我们应该相应地予以拒绝，在拒绝别人的同时需要把握分寸，这样才能达到“以和为贵”的目的。毕竟对方的年龄、身份、性格等都是不一样的，我们如果能做到根据不同对象采取不同的方法合理拒绝，那么我们的人际关系肯定会越来越好。

4.幽默是一种拒绝智慧

最经典的幽默式拒绝无过于钱钟书拒绝某位女士的拜访：“假如你吃个鸡蛋觉得味道不错，又何必认识那个下蛋的母鸡呢？”又比如“拒绝绅士的邀请是一种罪过，可今天只能谢罪了。”想一个幽默而又不失分寸的拒绝方式，表明你的拒绝，使双方都不失颜面。

沟通启示

拒绝的方法有很多，需要我们不断地从生活中学习、总结、创造。拒绝他人不是简单地说“不”，而是要讲究技巧，要以不伤害他人的自尊、不伤害彼此的感情、不影响以后的交往为前提。拒绝并非是坏事，很多时候拒绝对双方都有好处。对于个人而言，不会让自己感到左右为难，而对于对方，也不至于因此耽搁事情。

巧妙拒酒，不伤感情

在酒桌上，有劝酒就有拒酒，在这一来一往之间，双方斗的既是口才又是智慧。在掌握劝酒之道的同时，也要掌握拒酒之道。如何拒酒一直以来是饭局中人百思不得其解的问题。因为不懂得如何拒酒，便在酒桌上将自己灌醉；因为不懂得如何拒酒，便总是在饭局中不经意间得罪别人。为此，你需要掌握一定的“拒酒术”，这样才能让你从容拒酒，此外还能让宾主仍然尽兴。

王刚参加一个商务会议，会议结束后，主办方安排了晚宴，与会者可以借机洽谈生意。当酒宴进入高潮时，主办方的一个很能喝的人似醉非醉、侃侃而谈，非让王刚与他的同伴一起一人喝一瓶。

面对这位能喝能言的人其言辞上的咄咄逼人，王刚站起来说：“我想请教你一个问题，‘三人行，必有我师’，这是不是孔子的话？”对方随即答：“是的。”王刚见其已入圈套，便说：“既然圣人说‘三人行，必有我师’，你又提议要我们两人一起喝，你现在就是我们两位最好的老师，请老师先示范一瓶，怎么样？”

这突如其来的一击，逼得对方直发愣，过了一会儿，对方拍拍王刚的肩膀说道：“你这个人够机智，有办法，我就喜欢和这样的人做生意。”宴会结束后，他就和王刚签了一笔大单子。

王刚的聪明之处在于巧妙地为对方设下一个圈套，轻松摆脱喝酒的困扰，他不仅没有得罪对方，还签下了一笔大生意，因此酒桌上的智慧是非常重要的。酒桌上的难处我们不难理解，应酬是必然的，但喝酒却不是每个人都擅长的。抓紧时间学会推酒的本事，掌握应酬的技巧，才可以妥当、不卑不亢地达到拒绝的目的。

学会拒酒，在酒局中是十分必要的。下面教你几招，可以让你轻松成为酒

桌上的不倒翁。

1.讲明后果，巧妙拒酒

饮酒当然应是喝好而不喝倒，醉酒更是有失身份，所以作为被动者，当酒量喝到一半有余时，再有人劝酒，就可向对方说明情况：“感谢你对我的敬意，但我再喝就该难受了，还望体谅。”这样一来，对方也就不会再一个劲儿地劝酒了。

2.要开车，所以不能喝

国家的相关法律规定得很清楚，不能酒后驾车，轻者罚款，重者需要拘留。酒桌上要想拒酒，你就可以借助这条法律，说：“我待会儿还要开车，实在不能喝。”这样的借口很是合情合理。

3.练好自己的巧嘴

在拒酒中要充分展示自己的口才。一张嘴嬉笑怒骂，往往能轻易地把敬来的酒挡回去，还不会伤人面子，得罪他人。

4.抓住对方说话的漏洞

对方劝你喝酒，总得找个理由，而这个理由有时是靠不住的。特别是一些并不太高明的劝酒者，劝酒语中往往会漏洞百出，分析其中道理，最后证明该喝酒的不是你，而是对方或其他人，总之到最后不了了之。

5.妙用拒酒辞，幽默拒酒

在酒局之中，有这样一些人，任凭你怎么劝酒，可是他们的嘴里总是能说出来一套一套的拒酒辞，谈笑间就把酒挡了回去。这样的拒酒不仅有效实用，而且能活跃气氛。使用幽默拒酒辞的人，不仅不会因为拒酒而得罪人，相反，还能聚揽人气。

下面是一些比较常用的拒酒辞，如果想使用辞拒酒，那么它们会大有用处。

（1）只要感情到位，不喝也会陶醉。

你试着这样说：“跟你不喜欢的人在一起喝酒，是一种痛苦；跟你喜欢的人在一起喝酒，是一种感动。我们走到一块，说明我们感情到了位，只要感情到位，不喝也会陶醉。”

（2）只要感情有，喝什么都是酒。

你如果确实没有酒量，就不妨选择以茶代酒，如果对方拒绝，你就可以问他：“咱俩有没有感情？”他多半会说：“那当然，这还用说吗？”这时，你就可以说：“只要感情有，喝什么都是酒。”

（3）为了不伤感情，我喝；为了不伤身体，我喝一点儿。

“我是身体和感情都不愿伤害的人。没有身体，就不能体现感情；没有感情，就是行尸走肉！为了不伤感情，我喝；为了不伤身体，我喝一点儿。”这样，对方就不好再说什么了！

（4）在这开心一刻，让我们来做选择题吧！

我们思路打开一些，拒酒的办法就来了。他要借酒表达对你的情和意，你便说；“开心一刻是可以做选择题的。表达情和意，可以：A.拥抱，B.拉手，C.喝酒，任选一项。我敬你，就让你选；你敬我，应该让我选。现在，我选择拥抱，好吗？”

沟通启示

酒场上想要保全自己的身体，你必须懂得拒酒的技巧，把话说得美一点。看似喝酒，其实里面的学问真的是太多太多了，所以说我们一定要懂得随机应变。酒文化中既有劝酒，也有拒酒。如果你没有酒量，就凭借你的机智和口才来练就一身“推”酒功夫吧。

该如何拒绝你的追求者？

小仲马给恋人的绝交信中和盘托出了自己债台高筑的窘境：“我不够富，不能像我希望的那样爱你；我也不够穷，不能像你希望的那样被你爱。让我们彼此忘却吧——你是忘却一个对你说来相当冷酷的姓名，我是忘却一种我供养不起的幸福！”甜蜜的爱情总是令人神往，那是一种携手与共的幸福与陪伴。但是如果你面对的是一份不喜欢的爱情，就要懂得勇敢地去拒绝，不懂拒绝，伤害的不仅是自己，还有对方。

刘晓乐是一家器材公司的销售代理，她聪明能干，人也漂亮，销售业绩一直在节节攀升，因此大受顶头上司、销售部经理董海超的青睐。

那天，刘晓乐遇到了一个要求苛刻的大客户。谈判的时候，由于对方压价太多，使得谈判一下子进入了僵局。刘晓乐的性格是绝不轻言放弃。中午休息的时候，她一遍又一遍地研究对方的资料，挖掘对方的弱点，用自己的认真和敬业来感化对方。

整整花了一周的时间，刘晓乐终于和这位客户达成了协议，拿到了一份数额巨大的订单。下午下班的时候，董海超找到她说为庆贺她的成功，要请她吃晚饭。

刘晓乐心里被签单的喜悦充满了，也就一扫往日的矜持，毫不犹豫地答应了。她本来以为还会有其他同事呢，吃饭的时候，才发现就他们两个人。刘晓乐有点尴尬，但是也没多想。吃饭的时候，两人聊了很多。她第一次发现经理还是个非常幽默的人，总是能把她逗得大笑。

吃过饭，董海超又邀她去跳舞，她推辞了一下，也就答应了。那个晚上，他们玩得很愉快。

后来，董海超便经常请刘晓乐吃饭、泡酒吧、打保龄球。多半是借口庆祝

刘晓乐的出色表现和业绩。有时刘晓乐并不想去，但看到他那诚恳的眼神，又想想他是自己的上级，便也不好意思拒绝。董海超也每次出差都为她带回些别致的小礼物，这当然逃不过外人的眼睛。时间久了，刘晓乐便发现后面有人指指点点了，私下里议论她和上司之间的关系不简单。这其中不乏对刘晓乐的出色表现心怀妒忌者。

刘晓乐明白再也不能这样下去了，于是找到董海超，装作不经意间提到自己相恋两年的男朋友，并详细地向董海超讲述了两人相遇、相恋的经过。董海超很聪明，马上明白了刘晓乐的意思，从此两人很少再来往。

对于自己不喜欢不来电的异性，我们就要学会拒绝。不过，拒绝别人的追求，对对方而言是残酷的。那么，如何拒绝就需要花些心思了。如果拒绝得巧妙，就能得到对方的理解，双方相互不伤和气，那是最好的了。

1.拒绝的态度一定要明确

让对方能清楚地领会你的意思，不要因为不好意思说出拒绝就不置可否，这样会让对方觉得还有机会，这对双方都是不负责任的。凡事当断不断，必受其乱。所以说拒绝时态度一定要明确，千万不要拖泥带水。

2.拒绝时温婉而坚决

清楚而明确地拒绝对方，不等于严词勒令和重话伤人。千万别为了让对方死心，尽捡些最具杀伤力的话来回绝对方，弄得以后连朋友都不能做。明确的拒绝，可以很委婉但一定要坚决，不给对方留下商量的余地。

3.态度要做到诚恳

语言是表达爱情的一种方式，对方向你吐露心迹，这种真挚炽热的情感是圣洁美好的。俗话说："落花有意，流水无情。"当你无法答应对方的爱时，重要的是态度应友善诚恳，吐出肺腑之言，让对方从"细微处见真情"。

4.选择适合对方的方式

根据你们的关系和对方的个性特点，选择冷处理、面谈、书信等方法，不

宜采用托人转告的做法，因为这显得对对方不够尊重，有可能给自己带来不必要的麻烦。

5.先肯定，后回绝

对方忘不了你，是因为你的魅力深深地感召着对方。你不妨反其道而行之，先正面赞美对方的优点，真言实语，善意作答，再道出自己的不足之处，以此回绝。常言道“天涯何处无芳草”“人生处处有青山”，敦促其重新抉择。

6.直截了当拒绝心怀不轨之人

对于那些你十分讨厌的人，或是心怀叵测的人，有时候直截了当地予以坚决回绝，往往会减少诸多不必要的麻烦。切记一句格言：“绝不要道歉，绝不要解释。”除非你的理由不容置疑。最聪明的拒绝异性的方法往往是——根本不用说任何理由。

沟通启示

若做到最小限度伤害对方，那么认真地倾听他的话语是必不可少的。第一是对他的尊重，第二是表明你也很珍惜他人对你的爱慕之情。做到这两点，即便是你拒绝了对方，他也会理解你的心情，你们的关系仍会保持友好。

懂得拒绝，学会说“不”

生活中，我们经常会遇到他人的请求，比如借钱、帮忙做某事、下属提出加薪的要求等。如果我们对这些请求不愿接受，却又不好意思说“不”，就会使自己陷入十分为难的境地。若违心地答应下来，心里却很别扭；若假装答应却不做，又会失信于人。所以，如果想要把问题处理得更好，首先我们就要学

会说“不”，勇敢地拒绝不合理的请求。

张主任去二楼开会，在走廊上与丽丽不期而遇。丽丽赶紧打招呼道：“真巧，张主任，我正想去找您呢。我最近遇到点麻烦，您经验比我丰富，所以想听听您的意见。”

看到丽丽如此诚恳，张主任也不好拒绝。可没想到，丽丽碰到的问题还挺复杂，讲了十几分钟还没讲完。张主任看了看手表，开会时间马上就要到了，只得打断对方说：“你的问题我一时半会儿回答不了，等我抽个时间再和你详谈，好吗？”

两天后，丽丽打电话来问：“张主任，前两天向您请示的问题，您看我该怎么办？”

张主任那天心急如焚，根本没有认真听丽丽讲话，但他又不好意思明说，只得再次采取拖延战术：“丽丽啊，实在很抱歉，这两天我很忙，过几天再给你答复好吗？”

谁知道，丽丽也是个不会拐弯的“死脑筋”，没过几天，又打来电话。张主任一看是丽丽的电话，顿时觉得焦头烂额，不知道该如何应对。

张主任的困境在生活中很常见，因为不懂拒绝，一味拖延，最后陷入了被动。因此，面对别人的不合理要求，要敢于说“不”，只有这样，你的生活才会变得更轻松、更美好。

中国人把“面子”看得非常重要，所以在拒绝别人时很容易产生一种“不好意思”的心理，这种心理阻碍了人们把拒绝的话说出口。在这种心理的制约下，很多人往往会答应一些自己办不到或者花费时间极多的事情，从而使自己的工作效率变得极为低下，让自己的心情变得十分糟糕。那么，在沟通中我们应该怎样拒绝他人才能不会得罪人呢？

1.解释你说“不”的真实原因

有时候，人们在解释自己说“不”的真实原因时会有所隐瞒和保留，往往

会提出一些自己认为对方会更容易接受的不那么重要的理由。这样做的问题在于，对方通常会觉得这种无足轻重的理由很容易被驳倒，因为它们实在没有什么说服力。所以说，坦诚一点说出问题的缘由，相信对方一定会理解你的苦衷。

2.留有回旋的余地

在沟通中说“不”并非宣布沟通破裂，彻底失败，说“不”只是否定了对方的进一步要求，蕴含着对以前的报价或已承诺的让步的肯定。沟通中说“不”通常不是全面的、总体的，相反，大多数“不”是单一的、有针对性的。

3.态度要委婉，和气

态度尽量委婉、平和，说明你要说“不”的原因，让对方有台阶下，也不致伤了和气。如果可能，迂回一点讲也可以，而不直接说“不”，对方如果不是白痴，应该能听懂你的弦外之音，这是“软钉子”，而不是“硬钉子”。同时为了不伤和气，也可以说些善意的谎话。

沟通启示

世界著名影星索菲亚·罗兰在她的《生活与爱情》一书中，曾记下卓别林与她最后一次见面时，送她的一句忠告：“你必须学会说‘不’。亲爱的索菲亚，你不会说‘不’，这是个很严重的缺陷。我也很难说出口。但我一旦学会说‘不’，生活就变得好多了。”一定要学会说“不”。不是所有的“是”都代表肯定，更不是所有的“不”都代表拒绝。对于自己无能为力或是不感兴趣的事情，说“不”是理智的选择，是对自己、对他人负责任的处事态度。

“逐客令”怎么说出口?

对于好面子的人来说，下逐客令俨然就成了一道难题：舍命陪君子吧，实在是浪费时间，毕竟自己还有其他的安排；直截了当地下逐客令，又恐怕伤了彼此的感情，让人觉得自己有点不近人情……遇到这样的事，到底该怎么处理呢？

凯文是公司的人事经理。因为自己掌管着人员调动，所以他的办公室里总是有一些拜访者进进出出。对于走后门托关系的事情，凯文深恶痛绝，但是自己又偏偏是人事经理，每天都避免不了要和这些事情打交道，因此非常头疼。

周一早上，凯文正在办公室里整理资料，突然听见一阵敲门声。凯文说了一句：“请进！”伴随着开门的声音，一位中年男子走了进来。凯文连头都没抬，随口便问道：“什么事？”

“我是章亮，凯文。”听到这话，凯文抬起头一看，原来是公司的章亮。

凯文和章亮关系很好，他热情地招呼章亮坐下，并让秘书给章亮倒了一杯水。两个人开始闲谈起来，聊了一会儿，章亮挑明了自己的来意。原来，章亮的女儿没找到合适的工作，就想让凯文帮忙引荐进公司。

听完章亮的话，凯文一边苦笑，一边连连点头，说“我尽力吧。”实际上，凯文一清二楚，章亮的女儿才中专毕业，并且学习成绩较差。怎么能让这种人到公司里来呢？但是，凯文又不好意思当面拒绝。此时，凯文故意把秘书喊进来：“小语啊，那个会议是在几点钟开啊？”说的时候还使劲对秘书小语挤眼睛。小语知道经理肯定是别有用意，所以就说：“今天下午两点钟，还有不到十分钟就到时间了。”

然后，凯文一直不停地看表，而且和章亮聊天时总是心神不宁。面对这

样的情况，章亮坐不住了，于是就说：“您先忙，凯文，我还有点事就先走了。”

从案例中我们可以看出，凯文很好地把握了逐客令的艺术，使对方主动退门而出。在沟通中，懂得拒绝巧妙的下达逐客令是一件非常重要的事情。如果我们能够运用高超的语言技巧把“逐客令”说得美妙动听，那么问题就可以做到两全其美：既不挫伤对方的自尊心，又使其变得知趣。要将“逐客令”下得有人情味，可以参考以下方法：

1.用委婉的语言提醒

你可以用婉言柔语来提醒、暗示滔滔不绝的人，主人并没有多余的时间来与他闲聊。与冷酷无情直接拒绝的方法相比，这种方法更容易让对方接受。比如：“明天开始就要开始全身心地投入到学习中了，希望能够顺利进入我喜欢的那个岗位。”这句话的含义就是：请你明天不要再来打搅我。

2.主动握别客人

当客人说完正事后，我们立刻起身说：“这件事就这么定了，要不你再坐一会儿？”此时，客人看我们已经起身，也就明白了我们的意思，自然也会起身告辞，我们便可顺势与客人握别。

3.给予对方热情的招待

用热情的语言、周到的招待代替冷若冰霜的表情，使好闲聊者在“非常热情”的主人面前感到今后不好意思多登门。笑脸相迎，沏好香茗一杯，捧出瓜子、糖果、水果，很有可能把他吓得下次不敢贸然再来。要用接待贵宾的高规格，他也不敢老是以“贵客”自居的。

4.频繁看时间暗示对方

当他们滞留在房间中不想离开时，我们可以使用频繁地看时间的方式来暗示对方离开。假如你频繁地看时间，就会传达给对方“你的时间非常珍贵，你有急事要处理”的信息。通常情况下，对方都会选择自动告辞。

沟通启示

拒绝别人是件不太容易的事，但有些时候还是需要拒绝的。不过，人是需要有点风度的，即使你是在拒绝别人，也应努力以一种平静而庄重的神情讲话。因为在一般情况下，对于一个客气的拒绝，人们是不可能非议的。

无法拒绝？那就转移话题

“转移话题”就是用巧妙的语言将话题的锋芒转换到其他地方，从而使自己摆脱窘境，掌握沟通的主动权。正如人不会十全十美一样，再聪慧的人，也会遇到难以回答的问题，但是很多时候我们却不能直接拒绝对方，可是要怎样做才能摆脱谈话的僵局呢？此时，最好的办法是巧转话题，“顾左右而言他”。这样既不会因为拒绝他人而得罪人，也会保住自己的面子，可以说是一种非常实用的方法。

有一次，永进去参加朋友聚会，刚到房间门口就听到大家天南海北地聊着，气氛十分活跃。进去之后，不知谁起哄说：“我们班里的‘腼腆姑娘’永进新交了个女友，大家快问问他是何方美女”，这一下可挑起了大家的兴趣，纷纷拿永进打趣。问他和那位姑娘是怎么认识的？是不是他追别人的时候特别主动？表白的时候紧不紧张？永进性格十分腼腆，自然不愿当着众人的面提起这些事。可是大家一时兴起，哪顾得了那么多，你一句我一句的，弄得永进招架不住了。他心想必须把话题岔开，因为自己实在是不好意思详细叙述。

这时永进突然站起来说道：“我的经历真的是太普通了，实在没什么好说的，你们不要光问我嘛，陈刚不也交了新女友嘛，你们也问问他啊，我可是听

说我们班里的大才子谈了一场轰轰烈烈的恋爱啊！”

大家一听是陈刚，兴致迅速提了上来，一直以来不论做什么事，陈刚可是一直超乎大家的想象。于是大家开始把矛头对准陈刚，准备调笑他一番。一个朋友问陈刚：“你们是怎么认识的啊？”

陈刚看到他的好哥们永进故意把话题推给了自己，就给永进使了个眼色，意思是“看我过后不收拾你”，永进憨厚的回笑了一下。陈刚便接过话大方地说：“哦，是通过一个朋友认识的。一提到我那个朋友，我真的是佩服得五体投地，他才是一个真正经得起磨练的人呢！他原来在农村的时候吃了很多苦，后来自己发奋开了家公司，现在营业额有几百万了。现在的生意是越来越好。”

“这么厉害！”朋友们都好奇起来，想知道陈刚的朋友是怎么创业的。

于是陈刚开始说起了他朋友的故事，大家都仔细认真地听着，自然没人想起要对陈刚的情史进行一番狂轰乱炸的事。

每个人无论在怎样的环境中生活，都会碰到各种各样的难题，不回答会显得不礼貌，可是直接回答的话就会让自己感到有些尴尬，这种拒绝的艺术真的是需要自己去妥善处理。我们的体验是：不轻松的问题可以用轻松的方式来解决。而巧妙的转移话题，就是一种轻松的方式。

那么，我们该如何转移话题呢？

1.弄清对方的意图

在转移话题前先要探清楚对方的真实意图与心理，未闻其言而尽知其意，只有清楚了对方的心思，自己才能明白了在哪些节点上去转移话题。

2.自然而然的转移

使用转移话题法的沟通技巧和方法要自然而然，既不要纠缠于双方争执的问题，也不宜不着边际，离题万里。而应该围绕着预订的沟通目标，由彼及此，由远而近，渐入佳境。

3.请君入瓮

所谓“请君入瓮”，是根据对方的看法和观点，设置一个问题，引导对方自相矛盾，最后再用他自己的话，否定他自己的观点，从而达到拒绝对方问题、转移注意力的目的。

4.学会“先声夺人”

想要转移话题，你还可以学着“先声夺人”。在别人的话题还没有完全展开之前，你便把自己想说的话题插进去，让对方跟着你的思路走。这样的做法可以充分展示你的主动权，让你对话题时刻都有控制力。

5.新话题吸引力要大

用以转移话题的新话题，在自身的新奇性和对方需求性方面，都要大大地超过原来的话题，才能收到良好的效果。新话题刺激强度越大，对原来话题的注意淡化越快，岔题才越容易成功。

沟通启示

转移话题的时候要注意的问题还有许多。你不能转移得太生硬，太直接，不然别人会误以为你这个人不好相处，太自我，所以转移话题时一定要注意保持其自然性。要在别人不知不觉中就把话题给换了，这样你才能就着自己擅长的话题好好地表现自己的口才。

第 08 章

有角度地赞美：不着痕迹才让人心生欢喜

“良言一句三冬暖，恶语伤人六月寒。”在与人沟通的过程中，一个会说话、懂得赞美别人的人往往会比不懂赞美的人更容易成功。虽然说赞美是一件好事，但要做好并不是一件容易的事。如果不能审时度势，并掌握一定的赞美技巧，就算我们再真诚，也不会带来好的效果。所以，本章将会告诉大家如何成为一个会赞美别人的人，希望大家能从中汲取营养，在与人沟通的道路上越走越顺。

赞美不当，你将无法实现沟通

如果在人际交往中人人都乐于赞扬他人，善于夸奖他人的长处，那么，人际间的愉快度将会大大增加。渴望被别人真诚地赞美，是每一个人内心的一种基本需求与愿望。而赞美对方是获得对方好感的有效方法，但是，赞美要把握分寸，更要有技巧，否则会引起对方的反感。这样一来，我们的沟通效果就会大打折扣。

江明是一个化妆品公司的销售，经过多年的磨练与学习，他已经成为了一名了不起的销售高手。因为江明深谙赞美之道，在沟通方面可以说是做得游刃有余。但是，在江明刚刚步入销售人员的行列时，也曾因赞美不得法而得罪过客户。

有一天江明去拜访他的客户张女士，恰巧当时张女士的一位女性朋友也在那里。江明一看，心里可别提多高兴了，这意味着马上就要拉来一位新的客户了。为了争取到更多的客户，给刚刚认识的这位女士留下一个好的印象，江明决定依靠赞美这一战术来达到打动她的目的。

此刻的江明可以说是信心满满，他热情地对张女士说："张小姐，您的这位朋友如同天仙下凡，来此贵地还能遇到美女一枚，实属荣幸啊！"张女士的这位女性朋友听了很高兴，走过来跟江明握手，又对她的化妆品问这问那，显得很热情。江明很得意，认为自己的赞美话术奏效了。事实上也的确如此。但

就在此时，江明转过头发现张女士一言不发，好像很不高兴的样子，对自己也不再热情了。江明心里明白自己对其他人表示赞赏之意而将主人张女士忽略，这犯了销售的大忌。江明心里一急，又加了一句话：“皮肤稍微白一点的话那就更完美了。”

一时着急，江明显然乱了分寸，本想着能让两个人更为平衡一些，安抚张女士的心，到最后却把两个人都得罪了。结果并不是两个人都对江明热情有加，而是都对他冷眼相看，认为这个人怎么这么不会说话。就这样，江明不但失去了两个潜在的客户，而且令自己颜面尽失。

赞美本来是一件令人愉悦的事情，但是稍微不当就会引起误解，让人不快。在这样的情况下，双方还怎么能够愉快地沟通下去呢?

其实，在赞美一件事物的时候，不管这件事物是你的还是别人的，都不能以同时贬低其他人或事做铺垫。这样的称赞不但让人感到反感，还会对你产生坏的印象。

那么，如何巧妙赞美，化解不必要的尴尬呢?

1.赞美要恰如其分

恰如其分就是避免空泛、含混、夸大，而要具体、确切。赞美不一定非是一件大事不可，即使是别人一个很小的优点或长处，只要能给予恰如其分的赞美，同样能收到好的效果。

2.赞美要真实不夸张

赞美要切合实际，切忌夸大事实，让人觉得不舒服。言不由衷或言过其实，对方都会怀疑赞扬者的真实目的。如果夸张过度，赞美也就变了味，让人感到缺乏真诚的东西。真诚地赞美应该是最朴素的，有所保留的。

3.切忌频繁赞美

如果赞美次数过多，本来应该有的效果也会被削弱，所以说我们不要重复的、一遍遍的表达你的赞美之词，那样会让人觉得虚假、奉承。赞扬的频率是否适中，是以受赞扬者优良行为的进展程度为尺度的。如果被赞扬者的优良行为同赞扬的频率成正比，则说明达到了适度的赞扬频率；如果呈现反比，则说明赞扬的频率已经到了“滥施”的程度。

沟通启示

赞美就像空气清新剂，可以振奋人的精神，“美化”你身边的气氛。但也必须清楚，再好的清新剂也有过敏以至反感者，更何况人与人之间的关系如此复杂。如果不通达人情，不根据所赞对象的心情及当时的具体情况而乱赞一通，恐怕真的会将马屁拍到马腿上。

用心真诚，赞美才会更有效

不知大家是否听过这样一句话：“赞扬能使羸弱的躯体变强壮，能给恐惧的内心以平静和信赖，能让受伤的神经得到休息和力量，能给身处逆境的人以务求成功的决心。”是啊，赞美就是一个沟通的过程，赞美能给人们的人际关系和身心状态带来很大的激励作用。赞美的积极力量有很多，但是有一点我们绝不能忽视，赞美要真诚，心诚则灵，只有发自心灵深处的赞美，才能产生真正的魅力。如果你的赞美只是挂在嘴边，口是心非，那结果就只能是流于浮华，令人生厌。

王凯凯兴冲冲地跑到李国伟跟前说：“李国伟，你的钢笔字真漂亮。我去交语文作业的时候看见你的字帖了。真好看！”

李国伟腼腆地笑了。李国伟是从一个农村中学转来的，对新学校环境的适应不太好。他跟不上这个学校的学习进度，每天都为了学习的事情很自卑，觉

得自己是个农村孩子，样样都不如城市孩子优秀。他平时很少和同学打交道，每天就是闷在自己的座位上发愁。

王凯凯是个活泼的男生，平日里喜欢和大家说笑打闹。他发现李国伟每天闷闷不乐。他猜想，李国伟的成绩不好，可能是因为刚转学过来，两边学校的进度不一样，并不是李国伟就比别人差，所以他想安慰鼓励李国伟。

王凯凯去办公室交作业的时候发现了大家的字帖，最上边的是李国伟的，他的钢笔字刚劲有力，真的很漂亮，不像自己的，歪七扭八，那些字好像都喝醉酒了一样。

所以王凯凯从办公室跑出来，直接找李国伟来了。李国伟听了王凯凯的夸奖很高兴。来到新学校之后，他觉得自己处处不如别人，虽然每天放学了还补课，但是还是没跟上来。体育课以前在农村中学都是自由活动，哪有那么多足球篮球，现在自己体育也不行，什么都不会。音乐课是让他最头疼的课了，他唱歌就跑调，被同学们笑了好几回了。他觉得自己一无是处。

现在被王凯凯这么一夸，李国伟也觉得自己的钢笔字挺好看的，并且开始有了点信心。李国伟很快和王凯凯成了好朋友。

李国伟在日记里写道，是王凯凯的赞美点亮了他对新生活的向往，也点亮了他的希望，从王凯凯那里，他开始得到认同，也开始学着融入这个班集体。虽然他没有当面感谢王凯凯，但是在他心里王凯凯是他最重要的朋友。

内容明确、有特点的赞美，比一般化的赞美更可贵、也更可信。与其空泛、笼统地赞美对方很聪明、能干，倒不如具体地赞美对方办成的几件聪明事。这样更能激发起对方的上进心、荣誉感、自豪感。

1.真诚赞美，不要人云亦云

每个人都有自己的大脑和思想，对同一事物的看法肯定是不太一样的，他人肯定的事情，你也许觉得是错的；就算同样是赞美，角度和内容也不会完全一样。如果他人说什么，你就不假思索地附和，那就会变成一条“应声虫”。

或许你觉得你是在赞美别人，但是你的附和并不能让对方感受到你的真诚，反而会对你产生厌恶。

2.真诚赞美，从细微之处赞美对方

虽然每个人都有一些公认的优点或长处，但为了体现自己的“特别关注”，我们应该尽量从细微之处赞美对方，令其产生被重视、被尊重的感觉。比如“你今天的发型真的好漂亮”“这点小问题其实是不用在意的，你都能重新再做一遍，你的认真态度值得我们学习”，这样会令对方有意外之喜。

3.真诚赞美，区分赞美和谄媚

赞美和谄媚是有本质区别的。赞美是出于真诚，而谄媚是虚伪的；一个出于内心，一个出于嘴里；一个是无私的，一个是自私的；一个是为人们所钦佩的，一个是令人不耻的。所以，我们一定要弄明白这两者的区别，不要成为他人讨厌的谄媚者。

4.真诚赞美，给对方以肯定

当我们在肯定对方的时候，实际上就是暗示对方具备某种能力。对方就会按着这种能力要求自己，其行为最终也会达到你所期望的目标。

沟通启示

只是简单的一句话，就能让对方感受到你的赞美之意，这就是语言艺术的独特之处，更是发自真心的赞美的魅力所在。真诚的赞美，就是让对方觉得你的赞美是他自己也认可的，你的赞美是对他的一种肯定与欣赏，从你的赞美中，能让对方感到“自己正如你所说的一样”。

赞美有新意，对方更容易接受

再美的语言，也禁不起一遍遍地使用，这就像别人嚼过的口香糖，你再拿起来放在嘴里嚼，索然无味是一定的，甚至还会让人感觉恶心。生活要有创意，赞美也不例外，我们要懂得挖掘有新意的赞美点，不能总是一成不变地用那些过时或者不新鲜的语言，去赞美对方常常被人提起的方面，而应大大赞美其鲜为人知的一面。

陈词滥调或者不着边际的赞美只会惹人生厌，赞美的直接目的是让对方高兴，如果你不想做一个毫无特色的销售人员的话，赞美的话也得有新意才行。

某高档西装的广告部负责人陈琳曾经历过这样的事情：

陈琳是某个高档品牌服装的广告部负责人，一直以来陈琳非常期待能与商业才子李先生见一面。经过几次的电话预约，这位李先生终于答应同陈琳见面。陈琳很珍惜这次机会，因为她的目的是想让此人成为她们服装品牌的代言人。为了在短暂有限的时间内能够说服李先生，陈琳制订了详细的计划。陈琳的计划是：想办法先赢得他的好感，然后努力延长对话的时间，这样才有可能成功。

终于，陈琳见到了期待已久的李先生，陈琳打过招呼，然后微笑着说：“您好，我仔细阅读了您的成功经历，李先生，您真是一个商界奇才啊！”

李先生显得波澜不惊，说：“啊，真是奇怪，现在每一个人见到我都这样说。其实，我并不那样认为，这也是我给每一个人的回答。”

“李先生，您真的太谦虚了，您的成就和影响力已经足够证明一切了，我真的非常荣幸能够见到您本人。”陈琳唯恐李先生不高兴，赶紧又说。

“陈小姐，如果你是来跟我说这些的话，那么你可以走了。因为这些话对我没有任何意义。如果我想听这样的话，随便拉一个人进来可能都比你说得

好。如果你没有其他的事情，请不要浪费大家的时间。请原谅我的直白，因为时间对我来说实在是太宝贵了。很抱歉。”

陈琳动了动嘴唇，什么话都没有说出来。

很显然，陈琳所说的这些对于李先生来说真的是太过于普通了，这些陈词滥调在李先生耳朵里已经回荡过千万次了，显然李先生已经听腻了，因此陈琳被下了逐客令。

赞美能带来种种好处，但是那些平常的人人都会的赞美已不能达到预期的效果，赞美还要讲究适当的方式。有创意的不同于众人的赞美方式会更容易被人接受。那么，我们该怎样做才能让赞美更入人耳呢?

1.注意观察

要寻找恰当的角度进行赞美不是那么容易的，需要我们不断观察并充分挖掘，进而提升一个高度。比如，不要单一地赞美本人，最好能结合他的行为和贡献，并推测出这些将会给他人带来的影响，这样效果更好一点。

2.选取独特的角度

赞扬要不断创新，就要独具慧眼，善于发现别人很少发现的“闪光点”和“兴趣点”，就算一时还没有发现更新的事物，也可以在表达的角度上推陈出新。比如，对于一位现任的公司主管，你就不要说他有着强大的领导力之类的话了，这样的话他都已经听过无数次了，你可以称赞他炯炯有神、潇洒大方，这样他反而会更感觉舒服。

3.不要停留在表面，深入赞美

赞美一个人的行为或贡献时，不能总是停留在表面，要想办法深入其内心，使用具体而贴切的语言，让对方觉得既特殊又真诚。比如，赞美一个人的行为或成绩时，与其说“你真了不起”，还不如实实在在地阐述他曾做的某一件事情所带来的结果。

4.进行旁敲侧击地赞美

平铺直叙的赞美容易让人疲劳，那么我们不妨另辟蹊径，旁敲侧击地赞美。例如，我们可以赞美对方和谐的家庭生活、亲切的微笑，以及优秀的品格等等。这样肯定会使他们的喜悦倍增，远比空洞的“你真厉害”要实际得多。

沟通启示

赞美是所有声音中最甜蜜的一种，能够给人美的享受。新颖的语言具有魅力和吸引力，简短的赞扬能够振奋人心，但一种本来不错的赞扬要是多次重复就会显得平淡无味，甚至令人厌烦。所以我们要学会挖掘生活中的新点子，做一个创新型人才。

学会借用他人之口赞美别人

如果你在不经意间听说某人说了你很多好话，你能不高兴吗？但如果某人当面赞美你的话，或许你会觉得反感，会怀疑他是否出于真心。为什么被传达的赞美更悦耳呢？那是因为通过别人之口传达出的话，会使你坚信对方在真诚地赞美你。

林笑是一个人缘极好的人，公司的领导和同事都非常的喜欢她，因为她十分善于通过别人的转述来为自己说话办事。有一次，公司来了新同事徐娇，因为下班正好和徐娇顺路，所以她们经常一块儿回家。在路上，林笑相当热心地为徐娇介绍公司的情况、每个人的脾气习惯等。其中她说的最多的就是她们的顶头上司丽云姐。

“丽云姐是个很有能力的人。我们这个部门以前是受批评最多的，自从

丽云姐来后，我们这个部门变得焕然一新了。上班她总是第一个来，几年了一直如此。而且对自己负责的每一件事，丽云姐都力求做到最好，从不延误。我们下面的员工就是受到了她的感染，才转变了工作态度。而且你别看丽云姐平时挺严肃，要是公司聚会什么的她表现得可活跃了，她唱歌是一流的！除此之外，她还会跳舞、设计，还会做小点心。丽云姐就是一个全才。”

有一次，公司组织聚会，大家都去KTV唱歌，徐娇看着丽云姐玩得如此尽兴，就说道：“没想到丽云姐的歌唱得这么好，林笑姐就经常跟我说你的歌唱得特别棒。当时她还说你工作能力强，还有很多特长，我还真有点不敢相信呢！现在我全信了，林笑姐和我都特别崇拜你。”

丽云姐听后，会意地朝林笑笑了笑。在那之后，丽云姐对林笑更加照顾了。

很多员工喜欢当面赞美领导，可最终落得个拍马屁的下场。领导会觉得这个人只爱不切实际地吹嘘，同事们会认为他在讨好上司，只说不做，从而引起周围同事的反感。所以，我们要学习林笑的做法，借用他人之口说出你的赞美之词，这样既摆脱了谄媚的嫌疑，又让上司容易接受。

那么，背后夸赞别人有什么技巧呢？

1.中间渠道要尽可能地少

事实上，如果我们在第三者面前夸赞他人时，他人若正好听见，那么，我们的意思被他人曲解的概率就要小很多。所以，我们可以创造这样一个“巧合”：在对方正要路过我们的办公室或者其他场所时，我们正在与另一个人谈论这个员工的优点。

2.夸赞的内容要具体，实事求是

有时候我们会对别人说：“某人真的是非常能干”“某人很认真”“某人是一位好领导”，这样也是在赞美，但是内容有些空洞，听起来就像是在敷衍了事。所以，我们在赞美他人的时候记得说的具体一点，结合具体事例体

现某个人的特点。这样的赞美既不会落了俗套，又能让别人体会到你赞美时的用心。

3.用词简洁，赞美更有效

使用简洁明了的夸赞之辞是避免信息衰减的另一个办法。虽然我们需要用事实来证明我们的夸赞是有道理的，但是，第三者在传达信息时通常只会传达最容易记住的内容。所以，我们说的最关键的内容，必须也是最容易被记住的所以必须要简洁明了。

沟通启示

是别人直接对你说："你真漂亮。"还是从别人口中得知："某某经常与我谈起你，说你既漂亮，又有气质！"哪种方式你更喜欢呢？相信后一种方式你会更乐于接受。同理，如果你的上司经常对你说一些勉励的话，可能你的感触并不大，但如果在某一天你从另外一个同事口中听到了，感觉又会是不一样。

远离嫉妒，赞美让你更受欢迎

英国首相丘吉尔曾说过一句话："要人家有怎么样的优点，就怎么赞美他！"这说明赞美具有展现潜能的效果。因你的一句赞美，他学会了包容；因你的一句赞美，他懂得了承担；因你的一句赞美，他变得更为积极乐观；因你的一句赞美，他终于打破自己的极限，迈向成功……这些，都是赞美的力量。一个用心赞美的人才能拥有好的心态，赞美会让我们成为更受欢迎的人。

航航上小学五年级了，一直以来航航的爸爸都很少关注他，因为航航的爸爸每天都有很多的工作要忙，因此他极少有机会参加孩子在学校里的活动，每次都是由保姆代劳，回去之后保姆再简单反映一下航航的情况。

前段时间，航航爸终于可以放下烦琐的工作事务来参加学校里举办的运动会了，这让他兴奋不已。他知道，儿子体能不错，特别是短跑更是没得说。

可是，在比赛进行过程中，航航爸发现苗头有点儿不对。原来，别的孩子到了比赛场后，看台上的同学都会大喊“加油”来助威，而轮到自己的儿子时，加油声却寥寥无几。

航航爸意识到了问题的严重性，随后他和航航的班主任王老师进行了沟通。从王老师那里得知，原来航航是个特别不喜欢赞美别人的人，而且还有一定的嫉妒心理，不太喜欢别人比自己优秀。当别人取得了成绩，他总是挑出人家做的不好的地方进行挖苦，为此同学们都对他有些意见。老师也就这个问题和航航谈过，但是由于精力有限，所取得的效果甚是微小。

这下，航航爸才明白，原来儿子有了这样的不良心理。同时他也非常内疚，他觉得是自己平时总是忙事业，没有在孩子的成长上给予关注，忽视了孩子的身心健康，这才导致孩子出现了现在的状况！航航爸爸联想到自己在职场上，作为外企高管都需要时不时地赞美一下自己的下属，怎么就没把这一点往孩子身上用一下呢！如果自己懂得赞美孩子，关心孩子，或许航航也会在心里埋下赞美的种子，把这份爱传递给周围的人，那他也不会出现嫉妒这样可怕的心态。

带着遗憾和自责，航航爸开始了培养儿子学会赞美的行动。

果然，经过一段时间的努力，航航逐渐学会了赞美，放下了挑剔与嫉妒。与此同时，喜欢他的同学和伙伴也越来越多。看到儿子的改变，航航爸欣慰地笑了。

赞美能让你赢得更多的朋友，但是很多人却容易在这条路上走偏，出现航

航这样的状况。那么，在懂得赞美他人之前，我们该如何远离嫉妒呢？

1.懂得宽容，容得下他人

人外有人，天外有天，心里要容得下他人，有这样的心态我们才能有更大的成就。要想做到这一点，我们必须要拥有足够宽阔的心胸，即便对方的势头强过了自己，我们也要以宽阔的心去容纳。

2.杜绝攀比之心

嫉妒的心态最容易引发攀比，攀比会造成人们心理上的失衡，从而带来无尽的烦恼。很多情况下，盲目地与人攀比是毫无意义的，因为你只能看到别人风光、美好的一面而不了解别人潜在的能力和素养。

3.看到他人的优点，努力向其学习

当看到别人比自己强、比自己优秀时，我们就会生出嫉妒之心。如果我们也想变成别人嫉妒的对象，我们所应该做的就是尽量从那些比我们强、比我们优秀的人身上学习可贵的品质，努力让自己尽善尽美。羡慕美貌，不如让自己活得更美好。

4.调整心态，让生活更充实

不断充实自己的生活，寻找新的自我价值，使原先不能满足的欲望得到补偿，这样便有可能在一种积极进取的心态下，迸发出创造性，成为一个更优秀的人。

沟通启示

与人沟通的过程中要想快速赢得人心，讨人喜欢，就要学会赞美，但是，赞美不能不切实际，更不能违心，为了赞美而赞美的奉承之词也要避免。这样，才能让自己因赞美而产生的心灵之火，点燃别人的心灵之火，进而赢得别人无限好感。

及时赞美，说出你的心声

张妮是一个房产部的售楼业务员。一次偶然的机会，张妮结识了一位女强人。张妮同她就业务交谈了一次，她对张妮经手出售的房子感到较满意，但问过价钱后，只留下一张名片。看过名片，张妮不由一怔，从名片中得知这位女强人名叫李晗，是一家颇具知名度的大公司的总经理。直觉告诉张妮，凭她的经济实力完全可以购买一套房子。

第二天，张妮就直接打李晗女士打了电话，从电话里得知李晗并没有特别表示愿意，只是简单地说了一句："我觉得价钱不太合适，偏贵，如果能少算一点再谈。"这个"话中之话"是说：房子满意，价钱不满意。但张妮没说什么，只是要求去公司找李晗面谈。

见面那天李晗正在开会，开完会之后张妮就被招呼了进去，在办公室门口张妮看到有七八个男士拿着资料谈着事情正往外走。一进入李晗的办公室，张妮被眼前的豪华气派惊呆了。一张大办公桌，简直和双人床一样大，左边一套精致的沙发，右边还有一张大型的会议桌。张妮也没想太多，立马脱口而出："哇！您手下有这么多人啊！""是呀！这些都是我的下属主管。"李晗笑着道。"这七八个人都是主管，那下面还有更多人吧？"张妮既吃惊又羡慕地问道，"那您的权力一定很大吧？可以决定人员录取、人事升迁及薪资调遣吧？"

"这些不值一提！"李晗自豪地说。

"天哪，这还只是一小部分？这么多男主管还得听您这位女总经理的，您一定很能干，做事一定很痛快、干脆，有女中豪杰的架势。"听了这番话，张妮发现李晗忽然变得双目炯炯有神，张妮赶快把话题转到房子上："这房子真的很不错，您要不要带您先生来看过后再决定？"没想到，李晗对张妮的建议

很不以为然似的，提高了嗓门，大声说道："不用等我先生来看了，我决定就行了。"张妮这下心里乐坏了，就接着说："这个价钱绝对划算，若您能做决定，不必问过您先生，我可以立刻帮您去找房主谈谈价格，否则的话，还是等到家人看过再说好了。"

张妮这一说奏了效，李晗拿出支票，当场开了60万元当订金。李晗很严肃地对张妮说："好！我买了，就这个价钱，不必再带什么人去看了，我们明天就签约。"

及时的赞美是最有效的感情纽带，销售员对客户及时的赞美，既能有效地活跃销售气氛，又能满足客户的心理需求，增加销售的成交率。学会及时地赞美客户是销售员安抚客户暴躁心理的一把金钥匙。俗话说，好马在腿，好人在嘴，好听的话人人爱听。善于及时赞美他人，是一个人处世的本领，发达的因素。

及时赞美需要懂得一定的技巧，这些技巧你知道吗？

1.注意细节，寻找赞美的小细节

别人都没注意到的地方，你却注意到了，并毫不迟疑地将对他的欣赏表露出来，这能叫对方不感激在心吗？因此，我们对他人加以赞美时，如果能及时开口，对方会非常开心，即便是陌生人也很快就能变成挚友。

2.不要吝啬你的赞扬

及时赞美会产生巨大的力量，从人的心理本质上来看，被别人承认是人的基本需求。既然对方需要赞美，渴望被认同，那我们为何要吝啬自己的赞美呢？及时地赞美可以让对方的犹豫不决变得果断干脆，从而在时间和心理上取得突破，从而达到你的愿望。

3.对别人不苛刻，及时表达你的好感

对别人的苛刻要求，有可能会给别人的心理造成巨大的压力，丧失信心和奋斗的动力。因此，我们不要吝啬自己的赞美，把握时机，及时地给他人以鼓励和力量。这样对方就能感受到你的真诚，你的赞美一定会给他带来很大的动力，对方也会对你心存感激。

沟通启示

赞美是对一个人的工作、能力、才干及其他积极因素的肯定。通过赞美，人们了解了自己的行为活动的结果。可以说，赞美是一种对自我行为的反馈，这种反馈必须及时，才能更好地发挥作用。

第 09 章

巧与陌生人攀谈：一分钟结识新朋友

>>>>>>

与一个陌生人相识时，你注意过自我介绍的方式吗？你的称呼得体吗？你们会不会出现沟通障碍？……想必大家在与陌生人接触的时候都遇到过此类问题吧。是的，这些问题是很常见的，但是我该如何处理呢？如果我们不能很好的处理这些问题，那么对方就会给我们的形象减分，深入交际的目的就不会那么顺利地完成了。所以，想要把关系进一步发展下去，我们就必须掌握好攀谈的技巧，锻炼好自己的口才，迅速与陌生人建立联系、成为朋友。这一章我们将会针对如何与陌生人沟通的问题进行详细的介绍，希望可以帮助大家解决苦恼。

称呼得体，瞬间赢取他人好感

在人际交往中，对人的称呼往往是进入交际大门的通行证。正确称呼是在交际场合中的门面，能反映出自身的教养和对别人的尊重程度，甚至还能够体现出个人对社会时尚把握的程度。称呼是最起码的交际礼仪，我们在交际场合中一定要注意称呼的正确得体，不能错用，更不能乱用。

陈娟今年40岁，她自己经营着一家鞋店，整天忙着鞋店里的生意，也没有什么闲暇时间保养自己，所以，外表上来看，陈娟的年纪显得有些大，但是陈娟最讨厌别人说自己的年纪大。

一天，陈娟去批发市场批发鞋子，一个二十四五岁的姑娘走了过来说道："阿姨，您要拿点什么样的货？这都是今年的最新款，您进来瞧一瞧吧。"陈娟"哼"了一声，白了那位姑娘一眼，径直往前走。而到了另一家批发商那里，一位同样二十四五岁的姑娘热情地迎了出来道："姐姐，今天需要什么样式的？我们拿回来不少新的样式哦。"陈娟闻听心情大好，来了兴趣，这边看看，那边摸摸，批发了很多鞋子。

得体的称呼，可使对方感到亲切，使交往容易顺利进行。称呼不得体往往会引起对方的不满和愤怒，令双方陷入尴尬境地，使交往受阻。要做到称呼得体，应根据对方的年龄、身份、职业等具体情况而定，称呼不可能有统一的、固定的模式，要靠自己的经验积累。

刘伟是一家公司的职员，他很注重同事间的称呼，特别是对上级的称呼。记得刚来公司的时候，刘伟对公司人员不太熟悉，所以他平时对每个同事的名字都特别用心去记。对不知道名字的同事和领导，除了问别的同事以外，刘伟还把平时同事间互相打招呼时的称呼记录下来。刘伟自己有一个小本子，是专门记录同事和领导的名字和职位的，同时他也记下每个同事平时都喜欢别人怎么称呼自己。就这样，在很短的时间内，刘伟就把公司中每个人的名字和职位都了解得差不多了，所以，不管什么时候刘伟都能准确地叫出同事的名字。同事也都很喜欢他，因为刘伟对他们的称呼都是他们自己喜欢的。

亲切地称呼对方，能有效地拉近彼此之间的距离。如果你能亲切地叫出一个刚认识不久的朋友的名字，相信他一定会很高兴，他对你的好感度也会大大增加。

在和别人交往的过程中，我们要想获取好人缘，就必须要掌握正确的称呼方法，以下几点或许在你与他人沟通的过程中能给你很大的帮助。

1.称呼要考虑对方年龄、身份

对年长者称呼要热情、谦恭、尊重；对同辈则要态度诚恳，表情自然，亲切友好，体现出你的坦诚；对有较高职务或职称者，要称呼其职务或职称。总之，要讲究礼貌，既表达出你对对方的真诚和尊重，又不卑不亢。

2.要注意对方的风俗习惯和文化背景

每个人来自不同的地区，有着不同的文化修养和宗教信仰，在称呼对方的时候一定要注意这些细节，比如对一个南方人，就不要称呼“师傅”，因为在他们的观念里，这是出家人的专用词语。

3.称呼要注意亲疏远近和主次

一般来说称呼以先长后幼、先上后下、先女后男、先疏后亲为宜。在外交场合，宴请外宾时，这种称呼顺序更为重要。所以，要想顺利与人展开交流，赢得对方的好感，首先要从得体的称呼入手。

沟通启示

称呼得体就像行个见面礼，使对方获得心理上的满足，使沟通顺畅，交往成功。反之，称呼不得体往往会引起对方的不快甚至反感，使双方陷入尴尬境地，造成交往梗阻乃至中断。在人际交往中，选择正确、适当的称呼，反映着自身的教养、对对方尊敬的程度，甚至还体现着双方关系发展所达到的程度和社会的风尚，因此对它不能疏忽大意，随便乱用。

自我介绍是展示你魅力的开场白

介绍是最常见的与他人认识、沟通、增进了解、建立联系的方式。在社交场合中，出于礼貌或业务上的需要，往往须作自我介绍。精彩的自我介绍会给人留下深刻的好印象，迅速获得别人的好感，使你在社交场上无往不胜；而失败的自我介绍，就会破坏你的形象，失去别人的信任，影响你的工作进展。所以，自我介绍对于人与人之间的沟通交流有着非常重要的意义。很多人觉得自我介绍很容易："您好，我叫某某，很高兴认识你。"但实际上，像这样平淡无奇的介绍，下次见面时，对方十有八九会忘记你的名字，甚至忘掉你这个人。

王刚是某公司新来的员工，在迎新聚会上，王刚这样介绍自己："各位前辈，你们好。我叫王刚，大家叫我小王好啦。我兴趣广泛，喜欢交朋友，可是我有一个很大的缺点，那就是很'自卑'。"

在说自己自卑这句话的时候，王刚还故意停顿了一下，就在大家纳闷的时候，王刚又继续说道："因为我喜欢打篮球，可是打不过姚明，我喜欢唱歌，

我唱不过刘欢，我喜欢这份工作，可是我现在一点工作经验没有，在接下来的工作中，我希望各位前辈能不吝指教，多多帮助，带我走出自卑心理，谢谢大家。”

听了王刚的自我介绍，大家哈哈大笑，记住了这个幽默又谦虚的新人。

自我介绍的主要目的还是让别人了解自己，记住自己的正面形象。谦虚和调侃式的自我介绍不失为一种吸引对方的方法，会让初次见面时的气氛更加轻松，我们可以根据各自情况适当借鉴，为自己打造一段出彩的自我介绍。

一次非正式聚会上，一个初出茅庐的大学毕业生希望能认识某著名编辑，就主动介绍自己：“您好，我叫某某，今年刚毕业，正在找工作。”这位编辑当时有点愣，头一次听人这么介绍自己，只好接话说：“是吗？那加油啊，祝你早日找到满意的工作。”

听到他的自我介绍，想必我们也会有些小小震惊，这样的介绍未免太过朴实、真诚了，很明显，这样的介绍根本无法吸引对方，因为“正在找工作”对于交谈对方来说根本就是一个无效信号。

自我介绍的本事愈强，就愈能引起他人与你交谈的兴趣，因此你应善于把握自我介绍的机会。在自我介绍时，掌握一些技巧便显得尤为重要：

1.让对方看到你的自信

在日常交往中，有些人怕生，本来伶牙俐齿、思维敏捷，可是一见到陌生人就变得呆若木鸡，思维也僵化了，说话也变得结结巴巴。在这种状况下作自我介绍肯定无法吸引别人，更别说取悦陌生人了。所以，想要征服对方，就要克服自己的心理缺陷，展现出信心满满的一面。连起码的自信都没有，我们该如何给他人留下好的印象呢？

2.解读现场的气氛与对方的心态

自我介绍不可太过冗长，有时候只需要简短的一两句话，因为吸引别人的也许正是开篇的某个亮点。同时，我们在介绍自己的时候，要避免谈论会让人生厌的话题，不要一个人一直发表高见，也要学习倾听别人说话。解读现场的气氛，看准时机再发言。

3.不同的场合采取不同的方式

正式的场合如公司会议上等，我们该严肃时就严肃，让别人觉得我们是一个严肃谨慎的人。但是在随意的场合我们可不能太死板，不妨稍显活泼俏皮一些，风趣一点。这样更能吸引别人的注意，也能赢得更多的好感。

4.保持谦虚低调

在自我介绍的时候，除了突出自己的亮点，还是谦虚低调为好，免得让自己给别人留下爱吹的第一印象。

沟通启示

沟通的智慧，最引人注目的地方便是其说话魅力。与不熟识的人见面，通常由自我介绍或经由他人介绍开始，所以一个让人印象深刻的自我介绍是必需的。自我介绍，是充分展示交际魅力的“开场白”。仪表风度好，再有一个恰当的自我介绍，就是一次成功的自我推销，会使人产生想与你交往的愿望。

寻找共同话题，让沟通畅通无阻

和陌生人说话，最令人尴尬的问题就是不知说什么好。合适的话题是你和陌生人之间交流的良好开端。话题找对了，事半功倍；话题没选好，恐怕你们以后也不会有深交。但是如果我们需要这位陌生人的帮助，希望他能给自己的生活搭建一个方便，那么我们就必须要懂得“说话”，毕竟我们有求于对方。

这时就需要多思考一下什么话题适合彼此之间谈论，同时最好能让彼此感觉到尊重和亲近。

美国耶鲁大学的威廉·费尔浦斯教授，是个有名的散文家。他在散文《人类的天性》中写道：

在我8岁的时候，有一次到莉比姑妈家度周末。

傍晚时分，有个中年人慕名来访，但姑妈好像对他很冷淡。他跟姑妈寒暄过一阵之后，便把注意力转向我。

那时，我正在玩模型船，而且玩得很专注。他看出我对船只很感兴趣，便滔滔不绝讲了许多有关船只的事，而且讲得十分生动有趣。

等他离开之后，我仍意犹未尽，一直向姑妈提起他。姑妈告诉我，他是一位律师，根本不可能对船只感兴趣。

“但是，他为什么一直跟我谈船只的事呢？”我问道。

“因为他是个有风度的绅士。他看你对船只感兴趣，为了让你高兴并赢取你的好感，他当然要这么说了。”

是的，人与人之间的沟通是讲究技巧的，如果话不投机，怎么可能有继续沟通交往的意愿呢？所以，谈一些对方感兴趣的话题能迅速让彼此进入状态，拉近彼此的距离，让陌生感迅速消失。

无论是在工作还是生活中，我们都要开口说话，与人沟通。对于那些做生意的人来说更是如此，而且多半是和陌生人交谈，开口说话更是决定你的人缘。那么，在与陌生人沟通的过程中我们该如何巧妙地搜寻共同话题呢？

1.要懂得察言观色，找准交流的切入点

一个人的心理状态、精神追求、生活爱好等，都会或多或少地在其表情、服饰、谈吐、举止等方面有所表现，只要你善于观察，就会发现你们的共同点。

2.主动联系，投石问路

与陌生人交谈，先提一些投石式的问题，在略有了解后再有目的地交谈，便能谈得更为自如。如在聚会时见到陌生的邻座，便可先“投石”询问：“您是某某的老同学还是同事？”不管对方与某某什么关系，我们都可以依此进行进一步的沟通。

3.他人介绍，寻找共同点

如果中间人给我们牵线搭桥介绍新朋友，介绍完之后我们就要懂得如何跟对方进行接下来的沟通，如果你打个招呼之后就无话可说，那么就极易陷入尴尬的氛围，对方也会产生反感情绪。其实，从中间人的话中我们可以得知对方与主人的关系，各自的身份、工作单位，甚至个性特点、爱好等。我们要记住这些关键点并留意对方与自己有什么共同之处。

4.即兴引入

巧妙地借用彼时、彼地、彼人的某些材料为题，借此引发交谈。有人善于借助对方的姓名、籍贯、年龄、服饰、居室等，即兴引出话题，常常会取得好的效果。“即兴引入”法的优点是灵活自然，就地取材，但关键是要思维敏捷，能进行由此及彼的联想。

5.深入交流，创造共同话题

发现共同点是不太难的，但这并非只是谈话的初级阶段所需要的，如果你想与对方进行深入地交流，同样需要寻求双方更多的共同点。随着交谈内容的深入，你会发现你们之间的共同点会越来越多。为了使交谈更有益于对方，你必须一步步地挖掘深层次的共同点，才能如愿以偿。

沟通启示

初次与人见面，寻找一个合适的话题，不仅能消除彼此的紧张感和陌生感，还能给你带来很多的收获。寻找到与对方交谈的共同话题，是引导对方进入情境同一性的过程，等于获取了对方的认同，双方更容易产生情感共鸣。

主动沟通，让陌生变熟悉

韩强到上海旅游，晚上住进了一家宾馆。和韩强同住一个房间的是一个年轻人，二十多岁，看上去非常内向。韩强走进房间后，他一句话也不说，只是低着头看手机。韩强主动对他说：“兄弟，你是哪里人啊？”那个年轻人说：“我是河北保定人。”韩强说：“保定是个好地方啊，我两年前还去过白洋淀，风景非常好。”年轻人“嗯”了一声，就再不说话了。韩强接着说：“我来上海是想考察考察市场，然后做点儿生意。兄弟，你到上海干什么来了？是来旅游吗？”年轻人说：“不是，是来找工作的。”韩强说：“来上海找工作挺好的，这里城市繁华，发展机会也大。你学的是什么专业啊？”年轻人说：“电子计算机。”韩强说：“这个专业可不错，你电脑玩得一定很不错了？”年轻人说：“还行吧。”韩强说：“我正想买一个笔记本呢，你说我该买一个什么品牌的呢？你是懂电脑的人，指点指点我。”这个问题引起了年轻人的兴趣，于是他和韩强攀谈起来，两个人谈了很长时间，度过了一个愉快的夜晚。

初次见面，彼此都不熟悉，如果不懂得“搭讪”，场面就会非常尴尬。搭讪是指主动和陌生人交谈，北京话叫“套瓷”。搭讪可以让彼此不认识、不了解、不熟悉的人开始认识、开始了解、开始熟悉，搭讪是将陌生人变为朋友的敲门砖。

张诚是一家公司的业务代表，他为人热情，性格开朗，不管熟人还是陌生人，张诚都能找到话题与人交谈。不管他走到哪里，总会很热情地与人打招呼。

周一下班回家，路上突然下起了雨，张诚心想幸亏自己带了雨伞，要不回到家就淋成落汤鸡了。走着走着，他发现身旁有位因没打伞而慌张走路的人。

于是张诚主动邀请和他共用雨伞，他们边走边聊。张诚说："这么大的雨水，街上都可以钓鱼了！"对方自然聊到自己的兴趣爱好，张诚发现他与自己一样，都很喜欢钓鱼。之后的很多个周末，两个人常常相约结伴钓鱼。经过一段时间的相处，张诚和对方的关系越来越密切，可以说成了称兄道弟的哥们。

后来，张诚经过对方的介绍进入了一家知名企业工作，工资待遇特别丰厚，每个月的薪水是原来的好几倍，而且发展前景非常好。因为偶然的搭讪，建立起了深厚的友谊，铺垫了美好的人生道路，每当谈到这件事的时候张诚都感觉无比幸运。

素不相识的两个人成为好朋友，这是一件非常美好的事情，或许这就是缘分，但缘分也是靠自己主动争取的。虽然不是每一次主动都会让你拥有一个朋友，但是不主动，那就什么可能性都没有。如果你想扩大自己的朋友圈子，必须学会大胆地与陌生人搭讪。

1.大胆一点，不要羞怯

有些人一见到陌生人就感到浑身不自在，不好意思与陌生人交谈，甚至有人还会感到与陌生人无从谈起。产生这种现象的原因之一是缺乏和陌生人交谈的勇气。试想一下，一个没有勇气同陌生人交谈，或者不会与陌生人交谈的人，又怎么能与人交际呢?

2.扫除内心的隔膜

虽然我们常说"防人之心不可无"，但是要想拓展你的人脉资源，首先就需要你把身边的人当作朋友对待，但也需要懂得把握分寸。如果你一开始就有了成见和内心的陌生感，那么你跟陌生人就只能擦肩而过，而这个陌生人说不定就是你未来的贵人。

3.沟通成功，寻求深入联系

随着你对对方的了解，可以进行深入地交谈，例如他喜欢的运动、他的

家乡及母校等。这样做，既可以拉近你们之间的距离，也可以引起对方谈话的欲望。

沟通启示

在我们生活的周围，随时都会遇到陌生人，更多的时候我们都会选择以沉默来对待。如果能够积极主动地与这些人实现有效沟通，将会极大地扩展我们交际的范围，同时也能增长人脉。与陌生人沟通，是一个人必备的基本技能之一。

琢磨对方话语，让彼此一见如故

严莉莉就职于一家外企的人力资源部门，她在生活和工作中都能充分发挥自己的人际交往能力虽工作仅有三年，却建立了良好的人际关系网。生活中的朋友很多，不乏有各行各业的精英。严莉莉有自己处事的良方，无论是与初次见面的陌生人，还是与自己熟悉的同事、朋友，她都能主导交谈的话题，从而营造出和谐活跃的交际氛围。一天，严莉莉受邀参加同事的生日会。在会场中，严莉莉见到了之前有一面之缘的陈总。于是，她主动走上前去，微笑地看着陈总说："陈总您还记得我吗？上次我们在公司门口有过一面之缘。"陈总看着严莉莉，也彬彬有礼地回答："您是咱们寿星的同事吧？"严莉莉微笑着点点头，又问道："您和寿星是老同学？"陈总说："是啊，我们在大学一直是好哥们。后来经过辗转，两个人又先后来北京打拼。说来，也算是很有缘分啊！"严莉莉仔细品味着陈总说的每一句话，忽然眼光一亮，说道："您是山东人吧？"陈总一笑，说道："是啊，你怎么知道？"严莉莉回答说："其

实，我爷爷奶奶都是从山东来北京的。我从您的口音中听出来的，细算的话，咱们也算是老乡了。您家在山东哪里？”就这样三言两语，严莉莉和陈总慢慢地熟络起来，生日会结束的时候，两个人就像多年相识的好友一样。就连寿星都感到奇怪，连连问陈总，怎么你们早就相识了？两个人也不回应，对视着笑了起来。

想要和一个陌生人迅速建立联系，我们就必须学会揣摩对方心思、挖掘信息，然后迅速进入话题。其实交际过程，就是不断与对方内心打交道的过程。严莉莉能时刻注意陈总的说话细节，从陈总的口音中迅速挖掘有效信息，于是两人便顺其自然地联络到了一起，成了真正意义上的老乡，因此彼此之间的关系就更为亲近了一步。

某些时候，为了发现陌生人是否与自己有共同点，可以在需要交际的人同别人谈话时留心分析、揣摩，也可以在对方和自己交谈时揣摩对方的话语，从中发现共同点。通过巧妙的攀谈，几分钟的功夫两人就从陌生人变为朋友，这就是沟通的成就。所以说，在与人沟通的过程中我们一定要多多留意这些技巧，让沟通更为顺利。

1.学会倾听，搜寻有利信息

在与人沟通的过程中我们不要絮絮叨叨，要懂得倾听别人的话语，这是一种礼貌，也是我们必须掌握的沟通技巧。想要深入了解对方，就要耐心听他人的话，仔细品味对方言语中传达出来的各类信息，这样我们才能找到切入点并深入地与人沟通。此外，倾听是一种良好的品质，话说多了，就会让人生厌，也容易“祸从口出”，最好的办法是学会静心倾听。还会给人留下谦虚好学、专心稳重、诚实可靠的印象；少评论或不评论，更能避免不必要的误解；善于倾听，能让你拥有丰富的人脉资源。

2.尽力与对方建立联系

通过倾听，我们能够迅速找到我们需要的信息，那么接下来我们要做些

什么呢？我们要利用这些有效信息与对方建立联系、展开话题。在平常的交际中，初次见面的人如果能借闲谈找机会，找出共同点，就会消除不自然感，很快亲近起来。人们大都有这样的生活体验，对那些未曾谋面的人，往往本能地持有某种程度的戒心。但是一旦发现对方和自己有共通的地方，心中的隔膜就会很快消融，甚至会马上和对方成为知心朋友。

3.自然交流，不要刻意恭维对方

初次相识，双方的信任还没有达到一定的程度，因此适当地赞美对方是需要的，但切忌刻意去说恭维话。刻意奉承、谄媚的话，听起来也许会令人飘飘然，但却明显浮华不实。这样的话不能代表你的内心，只会让人感觉夸张、不真诚，因此也就无法从心底去接受。

沟通启示

在与一个陌生人沟通时，我们一定要注意仔细倾听对方所说的内容，这样不仅是一种尊重，而且还有利于我们搜寻有利信息与对方进行深入交流。尤其要善于倾听对方的弦外之音，这样我们才能顺利地达到沟通的目的。

相识尚浅也要准确叫出他人名字

莎士比亚曾经说过：“还有什么是比我们自己的名字更悦耳、更甜蜜的文字呢？”自己是独一无二的，自己的名字也最动听。在与陌生人沟通时，你首先要知道他的名字，当你能准确喊出对方名字的时候，他会觉得在你心里他是受到一定重视的。这不但能建立良好的人际关系，而且会帮助你成就事业。

下面我们讲一个关于美国前总统罗斯福的故事。

因为罗斯福脚部麻痹不能驾驶普通汽车，克莱斯勒汽车公司曾专门为他制造了一辆特殊的汽车。汽车造好的时候，该公司的总经理张伯伦和一位技工亲自把这辆车送到了白宫。张伯伦亲自教罗斯福总统如何驾驶这辆车。

当张伯伦到达白宫的时候，总统非常高兴，于是直呼张伯伦的名字，这让张伯伦感到非常高兴，于是整个氛围也变得轻松了。当张伯伦向罗斯福介绍车子的每一个细节时，罗斯福都极注意地听着。由于这辆特殊的汽车能完全由双手驾驶，罗斯福总统对着所有围观的人说："对我来说，这辆车本身就是个奇迹，只要按动按钮，它就能自动启动，驾驶起来非常方便。虽然我不清楚其中的原理，但是我还是希望有机会拆开看看究竟是怎么一回事。"

当官员们和罗斯福的朋友称赞这辆车时，罗斯福又对张伯伦说："张伯伦先生，我很感谢你能够花费那么多时间和精力设计这部车，它实在是完美得无可挑剔。"罗斯福还称赞了那辆汽车每一个细微的设计，同时赞扬了张伯伦的细心工作。他还把这些设备指给身边的人，并叮嘱他的侍从要好好照顾这些设备。

当时和张伯伦一起前去白宫的那位技工一直很害怕地躲在张伯伦身后，他没有和总统说过一句话，张伯伦也只是在介绍的时候和总统提到了技工的名字，但是在他们要离开的时候，总统特意叫了这位技工的名字，并真诚地致谢，这也让在场的所有人都感到非常惊讶并且佩服，那个技工更是激动不已。

日理万机的罗斯福总统都能用心记住身边一个仅提到一次的普普通通的技工的名字，我们难道就不能记住吗？记住别人的名字，本是一件简单的事，可很多人却很少把它真的放在心上。见过一面的朋友，假若再见时，你能一下就喊出他的名字，他会是何等惊喜与激动啊！记住别人的名字，不但是对对方的

一种尊重，也是树立自己良好形象的一个有效方法。

当然，生活中我们会遇到很多的人，记住所有人的姓名，并不是一件轻而易举的事，需要下一番工夫，还得有一套方法，主要有如下几点。

1.重复念一遍

重复他人的名字是一种很有效的方法。也就是说当你知道他人的名字后，即便你已经听得一清二楚了，你却依然可以礼貌性地请求对方再说一次。如果是一个不常见的姓名，那么，你就问："它是如何拼写的？"抑或在听了他人的名字后，你在自己的内心再反复记忆。

2.记住每个人的特征

每个人都有着不同的特征，不管是外貌特征还是职业特征、名字特征，只要我们用心留意，相信一定会记住的，只不过有时候我们没有认识到问题的重要性罢了。如果想拥有良好的人际关系，想结识一位新的朋友，那么请你首先记住对方的名字吧！

3.闲暇时间回忆一下

晚上入睡之前，再将当天所交换过的名片或通信地址，拿出来重新看一遍，回忆交换名片时的情景，这种记法，比其他的方法都要好得多。

4.准备个小本子

如果记不住，你可以随时把对方的名字写在一个小本子上面，这样更能体现出你对对方的重视。写下来之后，多翻几次笔记本，久而久之就印入你的脑海了。

名字作为每个人特有的标识，是非常重要的。所以尝试记住别人的名字，不仅是对他人的尊重，同时也让别人对你产生更好的印象。

沟通启示

“记住别人的名字”是与陌生人进一步交往、发展友谊的交际谋略之一。在人际交往中，绝大多数人都是非常看重自己名字的。如果你能叫出别人的名字，就代表着你对他的尊重，反之则是轻视。因此，应当用心地记住与你相识的人的名字，见面时轻松地把它叫出口，这样你就会赢得别人的好感。

第 10 章
请人帮忙嘴要甜：嘴甜的人总会有人帮

》》》》

“嘴巴巧，好办事”，这句话其实是很有道理的，尤其是在请求他人帮忙的时候。如果你把话说到点上，能赢取他人的欢心，那么你的请求就不会白费。其实，求人帮忙是一件技术活，如果你能沟通的好，那么问题就好办；如果你沟通不好，那么你只能另寻他路。如何才能把握住沟通的主动权，让对方心甘情愿帮助自己呢？这一章我们将会为大家进行详细讲述。

多帮他人，才好开口求人

如果平日里你总对他人的困境不闻不问，那么当你有一天需要帮助的时候，真的是找不到一个搭手的人。如果你在与人沟通的过程中得知对方有所需要，那就伸出援助之手，这样日后你才好开口求助他人。其实，帮助人是一种缘分。缘分都是共有的，既没有你我之分，又你中有我，我中有你。我帮了你，你帮了他，他又帮了我。

阿隆拟了一份项目策划书，内容很有价值，但是不合经理胃口，被打回重写。办公室不少人对此冷嘲热讽，见到阿隆就挤眉弄眼，为此，阿隆心里感觉相当郁闷。

下班后，同事小旭过来看了看策划书，为阿隆提了一些合理的建议。阿隆进行了一定的修改之后交给了经理，结果这个项目策划被经理采纳了，还给阿隆加薪奖励。阿隆将小旭的帮助牢记在心里。

后来，小旭想申请配一台笔记本电脑。按照惯例，这个申请十有八九会被打回来，但笔记本电脑对经常出差的他又很有必要。小旭在办公室一直没好意思提，他觉得自己跟阿隆关系不错，就私下里问阿隆，希望他能帮自己想一个好办法。自从上次小旭帮过自己后，阿隆一直希望有机会能报答小旭，这次小旭来求助自己，阿隆感到非常高兴。于是阿隆就给小旭出了一个点子，让小旭在申请书上注明："这台电脑将在与我们有业务往来的那家公司以最低价格购

买。”结果小旭的申请被批准了。

人与人的交往离不开彼此的关怀与帮助，所谓“送人玫瑰，手有余香”，如果你能够给予他人帮助，其实在一定意义上也是帮助了自己。朋友们，试想一下，如果你总是独来独往，不乐于助人，当你遇到困难的时候，你怎么开口找人帮忙呢？帮助的过程也是一个沟通的过程，为了自己有所需要的时候好开口，那就做一个乐于助人的人吧！

在他人需要帮忙的时候，我们该如何伸手帮忙，主动沟通呢?

1.真正了解别人的需要

想要帮助别人，我们就要懂得用智慧来判断对方的心理状态，看看对方真正需要什么。同时还要花时间研究、观察对方的反应，这对了解他人是非常重要的。

2.让他人明白你不是为利益

人们最讨厌看到的事情之一，是有人企图为了自己的利益而占别人便宜。靠损害别人利益使自己得益，貌似成功，但从长远来看是害人又害己。一个人要是占别人便宜，他未来的机会就会减少，乐意助他成功的人也会越来越少。所以，不要打着帮助别人的幌子为自己谋利益，否则你将输得很惨。

3.坦诚表达你的善意

坦诚相告，就要知道自己在想什么，有什么感觉，然后得体地表达出来，告诉对方你可以给他帮助。无论如何，坦率地说出你必须要说的，这是很重要的。当然你在表现你的诚实时切不可生硬，还要做到简明扼要。

4.不干涉他人隐私

有些人很注意隐私权，不喜欢让人知道个人的私事，哪怕是要好的朋友，所以我们不要轻易侵入对方的私人“领地”。在他们看来，“你最近怎么样啊”，或“你的男（女）朋友，或老婆（老公）怎么样啊”这类话题，是没有修养的窥探别人隐私的行为。

沟通启示

人际交往中，我们帮助了他人，不必以此沾沾自喜，自鸣得意，更不能摆出一副救世主的面孔，因为我们的帮助应该是无私的、诚恳的、不存在半点恩赐的感觉，如果老记得自己有恩于他人，这样活着岂不是很累吗?

求人办事，哪些禁忌该注意?

求人办事有很多禁忌，如果你在与对方沟通的时候不注意说话的分寸，那就很可能自己把事情搞砸了。在求人办事的过程中，许多人喜欢贬低自己，例如：“我真的是无能为力了，感觉什么都做不好！”“这么一点事我都没做好，真不知道自己还能干点什么！”“情况您也了解，我实在是做不好！”也许你只是想向对方表达你的谦虚，但是在对方眼里你或许就是一个无能的人、消极的人。所以，想要别人尊重你、看得起你，那就不要说一些悲观的话。

成哥和阿伟在一次聚会上认识，以后也并没有过多的来往。后来，成哥开了一个小加工厂，因外欠款太多，他就找到了在县公安局工作的阿伟，让他帮忙把款追回来。阿伟没有答应他，可成哥多次找阿伟，要求他利用其身份对欠账者进行追讨。阿伟表示：“我不能以私人身份介入你们之间的债务纠纷，如果通过法律，我可以帮你找律师。”对此，成哥便开始胡搅蛮缠，并且多次到阿伟的家中、办公室等地去找他，致使阿伟不能正常工作和生活。于是，阿伟便以干扰自己正常工作和家庭生活为由，把成哥告上了法庭。这不正是因为强人所难，成哥才把自己变成了被告吗?

求人帮忙，你就要懂得礼节。别人帮助你，你要懂得感恩；别人不帮你，你也不能采取蛮横霸道的方式报复他人。如果人人都这样不讲道理，那我们的社会岂不就混乱了吗？

求人帮忙是需要好好沟通的，里面有许多禁忌，那么，哪些地方需要我们注意呢？

1.注意说话的尺度

不管做什么事情，我们都要懂得把握好尺度，求人帮忙也不例外。根据双方交情的深浅，把握谈话的深度，千万不要口无遮拦、不分亲疏。否则，别人会认为你是个伪君子。

2.不要说一些情绪沮丧的话

过于消极，悲观的态度，这些都会给人造成一种反感。求人帮忙的时候，那些沮丧的话，容易造成一种压抑的气氛，引起对方的不快，也易造成你们的话不投机。每个人都有各自的烦恼和不幸，在社交场合和人际交往中，要少提起。成熟的人，要懂得自我消化烦恼，不能让自己的负面情绪影响别人。

3.不心急，要有足够的耐心

当求人过程中出现僵局时，人的直接反应通常是烦躁、失意、恼火甚至发怒。然而，这无助于事情的解决。你应理智地控制自己，采取忍耐的态度。这时，忍耐所表现的是对对方处境的理解，更是对转机到来的期待。

4.态度亲和，保持谦虚

求人帮忙的时候要放低自己的姿态，不要一副高高在上的样子，这样高的姿态何必求人呢？此外，不要班门弄斧，显示自己的学识，讲一些别人听不懂的专业术语。这很容易引起对方的反感。我们要为人和善，亲切地与对方沟通，这样才能赢取他人的好感。

5.不要勉强他人

求人办事绝不能强人所难。所以，在求人办事的过程中一定要考虑对方的实际能力，看对方是否能办得到。如果你求人办事，对方诚心诚意表示他爱莫能助，就不能强求对方非给你办成不可。

6.切忌命令他人

求人办事，不要用命令的口气，即使是关系很密切的人，措辞、语气也要适度。如“必须这个月完成”“这事你一定得帮我办”等，这种话听起来有种胁迫感，令人难以接受。应该说：“请尽量帮帮忙。”给人留下回旋的余地，才不会使自己尴尬。

沟通启示

求人办事，第一要讲求态度，态度一定要诚恳谦卑；第二要注意沟通技巧，以理服人，让别人愿意帮助你。我们一定要把握好说话的分寸，给人一定的好印象，即便别人帮不到你，你也要懂得向对方表达你的谢意，这才是关键所在。此外，还要尽可能向人家阐明自己做此事的目的、作用，把事情的原因、想法告诉人家，说话不要支支吾吾，不要让对方觉得你不相信他。

学会“戴高帽”，博取对方欢心

何谓“戴高帽”？其实“戴高帽”就是把一个人的优点、专长、名誉、地位等好的一面，用恰当的话语表达出来，并让对方乐于接受，从而起到鼓励鞭策、警醒、劝告等作用。曾有人这么曲解法国总统戴高乐的名字：戴高帽就乐。这种解释看似不着边际，却揭示出一个真理：给人戴高帽能增进对方的满足感，从而容易激发对方的高尚行为，利于说服，因此，当你需要别人帮助的时候，不妨给他戴上几顶高帽，别人高兴了，内心满足了，你的事情也就好办多了。

春秋战国时期，韩国修筑新城的城墙，规定限15天完工。大臣段乔负责主管此事，监督甚严。有一次，一段城墙施工因故拖延了两天，段乔大怒，就逮捕了这个县的主管，将其关进大牢。

后来，这名官员的儿子设法解救父亲，就找到管理疆界的官员子高，让子高去替父亲求情。子高被来人的孝心感动，答应了这件事。

一天，子高见了段乔后，并不直接提及放人的事，而是和段乔共同登上城墙，故意左右张望。然后由衷赞叹："这墙修得太漂亮了，真算得上是一件了不起的功劳。规模这样大，并且整个工程结束后还未曾处罚过一个人，这确实让人敬佩不已。不过，我听说大人将一个县里主管工程的官员叫来审查，我看大可不必，整个工程修建得这样好，出现一点小小的纰漏是不足为奇的，又何必为一点小事影响您的功劳呢。"

段乔见子高如此评价他的工作，心中甚是高兴，又觉得子高的话在情理之中，于是便把那个官员放了。

其实，大部分人都希望得到别人的赞赏和鼓舞，如果你想得到对方的帮助，那就在寻求帮助之前好好学习一下戴高帽的技术吧，这样将会大大提高你办事的成功率。给领导戴高帽，你会得到领导的赏识；给同事戴高帽，你会得到同事的真心，给下属戴高帽，你会得到下属尽职尽责的效力。给他人戴高帽，是一个成熟的领导者百试不爽、游刃职场的灵丹妙药，那么，在沟通过程中，我们怎样才能不露声色，又能取悦他人，巧给他人戴高帽呢?

1.摆正自己的心态

可能很多人会觉得恭维别人的行为是小人作为，是可耻的，会失了自己的面子，委屈了自己，义正词严地表示绝对不会给别人"戴高帽子"，殊不知人生在世，谁也不能保证自己没有给身边的人戴过高帽子。

2.要把握"戴高帽"的时机

一般来说，当对方不想帮忙时，拒绝的理由往往非常充分，要想改变他

的想法，使其接受你的请求是十分困难的。但如果把握住说话的主动权，先给对方戴顶“高帽子”，不让对方有机会说出拒绝的话，这样的谈话就很容易成功。

3.不要随意“戴高帽”

在给上司戴高帽时，切莫阿谀奉承、溜须拍马；在给平级戴高帽时，切莫不切实际地夸大其词、曲意逢迎；在给下属戴高帽时，切莫交浅言深、有意讨好。而且在送出高帽子时，要考虑场合、时机、对象，千万别留有破绽，这样才能赢得对方的好感。

4.“戴高帽”要真诚，切合实际

我们不要曲解了“戴高帽”的意思，说出的赞美之言要真诚，要切合对方的实际，有理有据，不要胡言乱语，脱离实际，否则你就成了“拍马屁”，不但事情没办成还把对方得罪了。

5.背后称颂比当面赞扬效果更好

罗斯福的副官对这一点颇有心得，他说：“与当面恭维相比，更为有效的则是背后颂扬别人的优点。”这是至高的技巧，在背后颂扬人，与各种恭维的方法比，看起来总是最诚恳真挚，也是最有效果的。当对方从他人口中得知你对他的称赞时，他心里也会记得你的好，即便有时候你不好意思开口寻求帮助，他也会对你伸出援助之手。

沟通启示

懂得“戴高帽”是一种智慧，但是切记不可乱戴过重的“高帽子”。更多的时候不要轻易地正面表态，保持一份矜持下的端庄和从容。在一种“天知地知你知我知”的情况下，将“高帽子”巧妙与人戴上，既可以防止抹不开面子，也让对方心领神会，还不容易被他人识破，而产生不快的感觉。

求人帮忙，学会耐心等待

有句话说得好“好事多磨，水滴石穿”。求人办事很多时候就是靠耐心，它既表现出毅力，又给对方增加压力。人都是有感情的，不管朋友之间的距离有多大，只要你善于用行动证明自己的诚意，耐心地去跟对方沟通，时间就会促使对方去思索，进而理解你的苦心，从固执的框子里跳出来，那时你就将得到希望，沟通也会有所成效。

春秋战国时代，秦国大举兴兵围攻赵国的都城邯郸，赵公子平原君多次写信给魏王及魏公子信陵君，请求魏国援救。魏王派将军晋鄙带领10万大军援救赵国，但又慑于秦国的威胁，便让晋鄙把军队驻扎在邺地，名义上是援救赵国，实际上是执行两面政策，等待、观望形势的变化。

平原君向魏国派出使者催促出兵救援，但魏国仍按兵不动，平原君一气之下又给信陵君写了一封信，谴责信陵君见死不救。因为信陵君的姐姐是平原君的夫人，所以平原君责骂信陵君说：“公子即使看不起我，要让我投降秦国，难道也不同情公子的姐姐吗？”

信陵君接到这封信感到非常忧虑，但无论他采取什么办法游说，都无法说服魏王。信陵君此时真像热锅上的蚂蚁一样昏了头，一急之下他把自己手下的宾客集中起来，凑集了百余辆车马，想奔赴秦国与平原君一同战死。

临行时经过夷门，见到了信陵君最器重的宾客——看门人侯嬴，侯嬴听了信陵君的慷慨陈词后非但不加鼓励，反而冷淡地说：“公子您自勉吧，老臣不能随你一同去了。”信陵君走出数里，心中很不是滋味，心想我对侯生可算得上周到了，如今我将要去送死，他凭什么连一言半句送行的话都没有呢？信陵君越想越气，就叫宾客停下来等他，他又驾车返回去找侯嬴。信陵君回来的时候，侯嬴正站在门口等他，笑着说：“臣本来就知道公子会返回来的呀！”侯赢评价信陵君带宾客赴死的举动说："公子喜爱士人，名闻天下。如今遇到难处，就想带着宾客奔秦军，这就如同把肥肉投给老虎，你本想达到救援赵国的目的，这下子可就什么功劳也没有了！"

信陵君恍然大悟，于是向侯嬴求计，利用如姬窃得兵符，调走了晋鄙的10万大军，解除了秦国对邯郸的包围。力量是别人的，想要借得必然要攒点心思，沉不住气的人成不了大事。如果你想求人帮忙，你就要学习信陵君，放下身段，耐心求助。如果连一点等待别人为你提供援助的耐心都没有，那谁还肯帮助你呢?

在遭遇一些困境时，难免需要求人，求人就要低三下四，此时不要放不下自己的架子，风水毕竟轮流转，该屈就屈，能屈能伸，屈中见伸方为英雄。但耐心并不是人人都有的，如何才能在沟通中做到耐心等待对方的回复呢?

1.充分相信对方

既然选择了寻求对方的帮助，那就不要总是在别人做事的过程中疑神疑鬼，怀疑对方的能力，不要说一些"你行不行啊？""你怎么这么墨迹？"之类的话，即便对方是你很好的朋友。

2.放下身段

能放下身段的人，他的思考必然富有高度的弹性，能吸收各种资讯，形成自己庞大而多样的资讯库，这就是最大的本钱。能放下身段的人会比别人早一步抓住机会，也能比别人抓到更多更好的机会。

3.学会忍耐

当求人过程中出现僵局时，你应理智地控制自己，采取忍耐态度。

4.要能抓住时机办事

要找好办事的最佳时机，看准时间、看清形势，采取积极的行动影响对方、感化对方，促进事态向好的方向转化。这是一种韧劲、一种谋略。在求人办事时，谁最耐心，谁就是胜者。

沟通启示

求人帮忙，要善于磨，但绝不是和对方耍无赖，而是要用积极的行动影响对方、感化对方，促进事态向好的方向转化。人心都是肉长的，只要我们真诚地付出、努力，相信对方总有一天会改变态度的。

用心求助，真诚沟通

宁宁和小珍是好朋友，从小一起长大，按照她们的话说就是，两个人虽不是一个爸妈，但是比亲姐妹还要亲。

宁宁在一家外贸公司工作，在公司里不怎么受器重，因此宁宁打算辞职，自己开拓事业。但是，想要创办自己的事业，单枪匹马肯定是不行的。于是她想让小珍来帮助自己。小珍虽说薪水不高，但是很稳定，而且现在有了家室。创业意味着要冒很大的风险，似乎这对她来说并不是个好的方向。

但是，小珍很仗义，爽快地答应了宁宁的请求。于是二人风风火火地开始准备。等到万事俱备的时候，小珍却迟迟没有辞职。这下可急坏了宁宁。她明白，要是没有小珍的帮忙，这个生意是绝对做不成的。

于是她找到了小珍，小珍一直低头不说话，宁宁似乎明白了什么。但是她不想放弃。于是说："小珍，你是不是有什么难言之隐啊？"

小珍抬起头，望着宁宁说："我老公不同意我辞职，他说我要是辞职的话，一切后果自己承担。我也是没有办法啊。"

宁宁沉默了几分钟说："你现在就这么上班，啥时候是个头啊，你挣的那点工资也只能解决温饱。要是现在咱们不努力，靠男人也不是个事啊。看别人

家的孩子穿得好、玩得好，咱们就能忍心让自己的孩子受苦啊。所以咱们就得努力啊！趁现在年轻，还能闯一闯，再过个三五年，就是想动也动不起来了。一辈子就这么过去了。”

小珍陷入了沉思，几分钟之后，她撇了撇嘴，说：“宁宁，我跟你干了，是好是坏，咱们拼一把。要是干好了，咱们就能过上好日子，要是干不好，就算我倒霉了。”

宁宁拍拍小珍的肩膀说：“不要那么悲观，咱们不是还有一半的胜算吗？”说完，两人哈哈大笑了起来。

不久之后，宁宁和小珍的生意做了起来。

想要说服对方，你就要有诚意，坦诚表明你的立场和想法，让对方看到你的真心，否则再多的花言巧语也于事无补。那么，在沟通劝说的过程中，如何把话说得真诚一些、让人觉得赏心悦耳呢？

1.主动登门拜访

你应该主动到对方那里去，而不应被动地等待或颐指气使、发号施令让别人到你这里来。如果你打算约对方出来谈事，那要先于对方到达，并要等对方，不要让别人等你。

2.要有耐心，好事多磨

如果对方没时间，那就要耐心等待对方，但也要适当地学一点“软磨硬泡”的方法。当然，办事中的“磨”，并不是要无赖，而是一种礼貌的等待。在“磨”的过程中，不要让对方感觉你是在故意找麻烦，故意影响他的工作，即使需要多“磨”，也要通情达理，尽量减少对他人的干扰，这样，才能“磨”成功。

3.不要过多谈论要办的事

在办事过程中，我们不要过多地谈论要办的事情，只需要不间断地接近对方，使彼此的关系变得亲密，让对方多了解你、同情你，被你的诚心所打

动，从而产生帮助你的愿望。这样，我们才能顺势掌控局面，达到办事成功的目的。

4.表达谢意与歉意

真诚求助，你就要随时传达出你对对方的感激与歉意，毕竟因为帮助你，对方需要耗费精力和时间。你的谢意和歉意表达的越真诚，对方越不好意思回绝你，因为他看到了你诚恳和急切的心情。如果有机会，你还要主动给予对方帮助，以示报答。投桃报李、礼尚往来是交际的一个原则。做到“受恩莫忘”，滴水之恩，当以涌泉相报。

沟通启示

有句话说的好，“心诚则灵。”这里不是指求神拜佛，而是指求人办事之时，首先要表现自己的诚心，才能真正打动对方，获得对方的认可和首肯，从而达到自己想要的目的。无论何时何地，你只有诚心求人，别人才会愿意帮助你。

说好话，上司要学会笼络下属

最近，某市的一家电子企业聘请了一位善于管理，却不擅长专业技术的厂长，这个厂长名叫王子奇，是一位非常外向且很有头脑人。有着过硬技术专长的前任厂长早已给厂内的员工留下很深的印象，再加上多年的相处和工作习惯，所以厂内的员工并不买王子奇的账。对于王子奇下达的管理改革方案，他们不但不热心配合，反而远远地躲开他，不愿与他亲近。看到这个情形，王子奇并不气馁，他懂得人心，且信心十足，认为自己能够和他们打成一片。

首先，王子奇开始从大家比较信服的两位领导下手，下班以后，他会带上一些小礼物，到手下的两位领导家里做客，和他们及其家人谈天说地，拉家常，并由此了解到他们一些不为人知的小缺点。一个月后，他们的关系慢慢熟络起来，并开始“礼尚往来”，会到王子奇家里喝茶，期间会报告一些厂里员工的情况或是想法，并且将自己在工作中遇到的一些事也做一番报告，时间久了，王子奇就对厂里的员工有了大致的了解。

上班时，王子奇会四下走动，和一些员工“亲近”。看到库管员陈笑，就上前说：“嗨！陈笑，我看到过你的男朋友在咱们工厂门口等你，挺不错的小伙子啊！今天他来吗？”

看到工程师王师傅，上前又说：“王师傅啊，听说你儿子功课超棒，他的脑袋瓜子一定跟你一样聪明。”

在食堂和大伙儿一起用餐时，王子奇一边吃一边将两位领导的一些无所谓的小缺点都讲了出来，逗得一阵笑声，而和王子奇早有默契的两位领导，在一旁只是傻笑。

没有多久，王子奇便和厂里上上下下打成一片，他的管理改革政策也获得了普遍的支持。在王子奇的带领下，大家都非常用心地工作。

作为领导，一定要懂得一些感情投资、收买人心的技巧。当人心涣散时，要能够将一颗颗零散的人心凝聚起来，让你的下属全心全意为你效力。在这里，为大家详细介绍几种笼络人心的技巧。

1.拿出时间与下属沟通

上司要拿出时间与下属沟通，使双方思想得到交流。当一个管理者与员工开始沟通的时候，说明你已经开始重视他，每个人在集体当中所要寻找的就是重要感，而沟通的行为已经说明你很重视他的存在，并希望听取他的建议，所以他就会受到很大的激励。

2.多倾听下属的意见

多倾听下属的意见，可以让下属看到你对他们的重视，有利于激发他们的积极性和主动性。美国历史上有七位四星级上将一致认为，有些军事领导人虽然有很好的战斗能力，但却到达不了事业顶峰，原因就在于他们不善于倾听别人的意见。

3.充当下属的保护神

下属在发生意外事情时，最期望得到的就是领导的支持，领导的安慰会使下属感到无比满足与欣慰，使他愿意向领导敞开心扉，表露心迹。而下属对领导的无限信任，是领导做好工作的前提。有的领导在工作不顺利时会发牢骚，并将责任推给下属，这样的领导自然无法得到下属的支持。

4.整合智力资源，点石成金

每个人都身怀绝技，禀赋各异，领导者要能准确把握下属的特性和专长，学会用其所长，去发现和捕捉那些不起眼，但却极有价值的智慧火花，才能“借”到真经，提高“借脑”的含金星。

5.鼓励下属，“你能做到”

鼓励能够极大地激发一个人的潜能，如果你总是责骂下属或者是不相信他们的能力，那你就错了，因为这样会大大地削弱下属的积极性和自信心，那么他们就无法充满斗志地为你卖力。

沟通启示

上司要笼络属下，最有效果的台词，就是“我认同你”以及“我相信你”。这些鼓励的话语是对工作能力以及工作态度的认同，也包括性格与道德方面的认同。人都是有感情的，如果沟通好了，你们的关系就会拉近，下属才会真心听从你的安排，创造更大的效益。

第 11 章

语言富有感染力：沟通才能更顺利

》》》》》

有感染力的语言更容易吸引听众，在日常交际中，我们说话要表现出一定的气质，且极具感染力，这样才能更好地展现自身的魅力与形象，也才能更好地打动对方。假如你总是给人一种说话磨磨唧唧，没有活力的感觉，那么对方不仅会对你的话感到厌烦，恐怕对你这个人也没啥耐心了。所以，说话是有讲究的，语气也是要有所注意的，我们要在气势上、表情上、言语上传递给他人一种积极的力量，这样的语言表达才能更受人喜爱。说话的目的是为了更好地沟通，要去调动对方的情绪，这样才能更好地打动对方。

不要小瞧热情感染的力量

一个人最让人无法抗拒的魅力就在于他的热情，尤其是销售人员。一个销售人员是否热情，决定了客户是否喜欢并接受他。可以说，是热情感染着客户们的情绪，带给人们愉快的感觉。在这种和谐的气氛中，人们就会不由自主地对他的商品产生好感，最终跟他成交。

华姐是某个购物中心的店长，也是一位热情的领导，无论对店员还是顾客，她都能用自己热情的笑脸对待大家，感染着与她认识的每一个人。她不仅与广大客户建立起非常融洽的关系，自己的业绩也是节节攀升。

她熟知老客户的身高、体形、喜好，并能及时帮助老客户得到他们所需要的商品和帮助，她对待每一个新客户也始终热情如一。华姐不仅为客户提供必要的服务，还帮助客户作出最佳的选择。为此，不管是老客户还是新客户，都非常喜欢华姐为他们服务，这让她颇得人缘，业绩自然也很突出。

对此，华姐讲出了她的经验："帮助我的是热情，没有热情就没有销售。"

热情能让一个人的沟通变得更顺畅，可以说是一个人成功不可或缺的因素。我们继续看下面这个案例：

李玉想寒假期间给在外上学的侄女一个惊喜，给她买一台电脑，她说："过年前这电脑是肯定要买的，可是这牌子太多，配置都差不多，价格也不相上下，真的很难选。其实具体我也不太懂，那就去看看再说吧！"

来到电器城，李玉可是惊呆了，这么多品牌，这么多样式，可买哪个好呢？其实自己也不是很懂，关键还是想听听各个店员的介绍。她来到一位20岁左右的姑娘面前说“美女，我想买台电脑，你给我介绍一款吧？”本想着能够听听对方的建议，可是对面的姑娘却冷漠的说：“您先等一下吧。”说着就自己低头做自己的事情了。这下把李玉气得不得了，说了一句“不卖拉倒，好像就你卖似的！”完后离开了。于是李玉就去别处看看，这时有个小伙子非常热情地招呼李玉：“姐，您是在看电脑吗？过来看看，有什么需要的我可以帮您介绍。”看到小伙子如此热情，李玉的气瞬时就消了，于是跟他谈了起来。小伙子首先对李玉买电脑的要求了解了一下，然后又给她介绍了几款适合李玉要求的电脑，随后做了一下对比……最后他们一致决定了一款电脑，整个过程李玉感到非常开心。这位小伙子为人非常热情，态度也很诚恳，正是因为他的这种精神状态感染了李玉。临走之前李玉还告诉小伙子以后会介绍自己的朋友来他这里买，小伙子热情地送走了李玉。

作为销售者，做到主动热情的与人沟通有哪些技巧呢？

1.待人要亲切，实事求是

待人要亲切，要有人情味。即使面对陌生人，在微不足道的小事或细节上，也要认真以礼相待，不要自视高人一等。在谈话中要光明磊落，堂堂正正，不要以卑鄙、狡猾的手段去达到自己的目的。此外还要应客观地、谦逊地表示自己的意见，不要说一些不切实际的话。

2.让人感受到你的真诚

为人热情离不开真诚。诚恳能带来朋友间心灵的共鸣，精神的寄托，思想的交融。能真诚对待别人的人，他们身边总聚集着一大堆的好朋友，他总能让人感到安全感，愉悦感和信赖感。

3.保持努力向上的心态

热情，与自身的努力是分不开的。首先，要调动起自身的潜力，全心全意

做好自己的本职工作。工作出色了，有了业绩，自己会产生一点成就感和优越感，也就有了工作的动力。工作做好了，也会赢得别人的尊重，工作起来才会更上一层楼。

4.交谈要面带微笑

如果说眼睛是心灵的窗户，那么微笑就是心灵的发言人。一个微笑所负载和传导的真情，胜过了千言万语，对顾客的感染是非常强烈的。微笑的唯一前提是真诚。没有真诚，微笑就不能是微笑，而只能是冷笑。所以，你若要想沟通的顺畅，先收起那张不讨人喜欢的面貌，赶快翘起嘴角，放松眉头，用你可爱的笑脸去面对他人吧！

沟通启示

热情能营造一种积极向上的氛围，感染每一个人。如果你始终以最佳的精神状态出现在对方面前，那对方一定会因此受鼓舞，你的热情会像野火般蔓延开来。总之，就要让对方看出你的热情，看出你的真诚，这样你才会感染对方，让彼此的沟通更为顺畅。

控制好节奏，吸引对方注意力

为什么同样内容的话由不同的人说出来，所产生的效果完全不一样呢？或许很多人都感到好奇。其实，很多人只是不擅长把握好说话的节奏罢了，这是导致语言魅力丧失的一个主要原因。如果一个人懂得说话的艺术，那么即便他只是叙述一件普通的事情，也能让人感受到他言语之中散发的魅力，把握好说话的节奏，从而使自己的语言充满感染力，让听者乐意听，乐意接受。

那是一个老掉牙的笑话，说的是一个有些结巴的人，在商店买东西，在看到汽水之后，对销售员说："汽、汽……"销售员以为他要买汽水便打开了。没想到对方说出的是不要汽水。

小橙是一个非常外向的女孩，平日里总是大大咧咧、嘻嘻哈哈，她有一个很大的乐趣，就是给人讲笑话。中午大家一起出去吃饭，吃完饭回公司的路上小橙就跟几个同时闲聊，突然间想起了这个笑话，便讲了出来。小橙不愧是一个讲笑话的高手，她在讲述这个笑话时，有时漫不经心，有时却又突然间语速加快，特别是在讲到"汽、汽……我不要汽水"时，逗得大家哄堂大笑。

敏敏是小橙的同事，她也被小橙说的笑话深深吸引了，觉得特别有意思。下班回家，敏敏便跟老公讲了这个笑话。出乎她的意料之外，敏敏的老公没有任何的反应。敏敏感到很纳闷，想不出来，为什么同样的笑话，自己讲时别人听起来会觉得索然无味呢？敏敏或许自己不知道，所有的原因都在于，她在讲叙笑话时，说话平平稳稳，没有任何的节奏变化。

没有节奏的讲话就像一潭死水，难以引起听者的兴趣。说话掌握节奏，就为了让你的讲话如高山流水，有起有伏，时时扣动听者的心弦。与人沟通，我们都希望自己说出来的话能够吸引人，能够让对方耐心地听下去。想要做到这一点，你就必须要懂得控制好自己说话的节奏。说话的节奏是指说话时不断发音和停顿形成的强弱有序和周期性的变化。在日常说话时不断改变节奏，可以让我们的语言更加生动。

因此，人际交往中，与人说话一定要有节奏，这样才能让自己的语言富有感染力，吸引更多的听众。对此要注意以下几点：

1.应熟悉讲话的主题

充分的准备可以增加流利的程度，因为这能增加自己的自信心，从而更能坚定自己要讲的东西。另外，熟悉主题会使讲话者有更大激情，这种激情会使讲话者的整个身心都投人到其演说的境界之中。这样，流利也就不成其问题了。

2.把握好说话速度

与人交谈，要把握好说话的速度，既不要一口气说完一大堆话，让对方听得模棱两可，也不要慢条斯理，半天挤不出一句话来，让对方听得昏昏欲睡。

3.适当停顿，调动听者的情绪

之所以很多人说话能够达到非常好的效果，是因为他们懂得掌握说话的节奏，巧妙地利用几次停顿，设下悬念，最后才抛出内容要点。停顿，是吸引对方注意力的一个好方式，只有适当地进行停顿，才能运用好说话的节奏，调动听众的积极性，给听众留下更深的印象。

4.发音要准确

发音含糊不清是说话犹豫的一种表现。如果讲话者连续几个地方都有迟疑不决的现象，就会使人感到他其实并不知自己在讲什么。因此，如果我们有意识地在流利方面做出一些努力，会收到很好的成效。

5.从言语中感受你的热情

热情能给人带来力量，能活跃现场的气氛。如果你能够在沟通的过程中保持高昂的情绪，那么对方也会感受到你所散发的能量，也会被你感染。所以，在沟通中要有自己的“精神”，不要让对方觉得你心不在焉。

沟通启示

说话要有节奏，该快的时候快，该慢的时候慢，该起的时候起，这样有起伏、有快慢、有轻重，才形成了口语的乐感和悦耳动听，否则话语不感人、不动人，更别提有语言感染力了。

说话，要体现出你足够的自信

人们展现自己强大气场、散发感染力的方式有很多，比如说行动、素质、能力等，除此之外，我们不要忽略了一点，那就是语言。铿锵有力、掷地有声的发言就是一种强大气场的证明。说话没有底气就是没有信心，不能说服自己，当然不能说服别人。所以，展现自己的魅力必须要学会自信、流畅地表达。

大学毕业之后，陈月月和别的同学一样，拿着厚厚的简历四处找工作，可是都不满意。除了一些做业务的工作外，大部分的岗位都需要有丰富的工作经验。陈月月只能站在一旁望洋兴叹。

这天，陈月月百无聊赖，在网上闲逛，无意中打开了一家人才招聘网站。看到一家企业在招秘书，而且要求也不是很高，自己完全能胜任，于是投了简历。老实说，陈月月自己并没有抱多大的希望。

可是奇迹往往在不经意间发生。第二天，陈月月竟然接到了对方通知面试的电话。于是这天下午，她提前来到了对方公司，等对方的经理上班了之后，再参加面试。与她一起面试的还有四五个女孩。

她们依次参加了面试。轮到陈月月面试的时候，她坐在经理的对面，抬头挺胸显得非常自信。在和经理的交谈中，她没有像别的女孩子扭扭捏捏，装淑女，而是很大方，很清晰地回答了经理的提问。

面试结束后的第二天，陈月月接到了上班的通知。在和经理的交谈中，陈月月得知，正是因为她的自信表达，给经理留下了深刻的印象。让经理觉得她所说的每句话都是真的，是没有水分的。

就这样，陈月月凭借着自己的自信表达最终获得了经理的信任，得到了工作。

在与人沟通的过程中，言辞中表现出来的自信能给人带来强大的气场，能让一个人的魅力得到充分的体现，能够大大提高一个人沟通成功的可能性。自信不一定成功，但不自信一定不能成功。在与人交往时语言是展现自信的有力途径。铿锵有力、掷地有声的发言绝对是自信的表现。自信能发挥出强大的能量，人格魅力就在于此。

与人沟通，贵在自信。自信的说话并不是一件简单的事，需要长期的努力和正确的方法。这里有一些提高讲话自信的具体方法，值得一试。

1.有准备性的提高

林肯说："即使是再有实力的人，如果没有精心的准备，也无法说出有系统、高水平的话来。"所以，你需要在说话之前广泛地收集素材，并对你的主题进行深入细致的思考。当你确认自己准备充分之后，不妨设想自己正在以完全的控制力对他人说话。

2.说话声音要大一些

一般情况下，自信的人说话字正腔圆，声音比较洪亮，底气比较足。而缺乏信心的人则表现得底气不足，说话声音很小。同样，说话声音大的人比较真诚，而说话闪烁其词的人则很多时候内心有鬼，给人感觉心虚。

3.不断给自己鼓励

不断进行自我暗示和自我激励，即在心里提醒自己不要自卑，相信自己，并不比别人差。纵使处于不利的地位，也要鼓励自己增强自信，要知道自信会培养自信，这就是常说的"良性循环"。

4.不要逃避对方的目光

很多人内心比较胆怯，在说话的时候不好意思看着对方的眼睛，总是出现目光游荡的情况，其实这不仅是不自信的表现，也是一种不礼貌的行为，我们一定要避免。所以在和人交流的时候，不要轻易逃避和别人眼神的交流。否则会让别人觉得你内心有鬼，而怀疑你。

5.细节入手，不断改进

用一个笔记本逐项地记下自己经常遇到的问题，并把自己过去的经验如实记录下来。例如，记下究竟自己在什么人的面前不敢说话，并找出原因；再仔细想一想，记下自己跟别人谈话时的情形；然后记下自己认为应该最先要改进哪一点。

沟通启示

每个人都要下苦功夫增强自己的说话信心，提高自己的说话魅力。因为只有如此，才会避免在社交活动中出现失败，才会避免工作、生活上的很多困难，才能促进自己事业的成功，使自己的生活变得色彩缤纷、舒心愉悦。

做有风度的人，说有风度的话

程志强刚进公司没多久，就和办公室同事们“打成了一片”。他性格豪爽，很喜欢开玩笑。

公司一位女同事小亚结婚，邀请大家一起去喝喜酒。

婚礼上，所有同事都赞美小亚打扮得真漂亮。可程志强却说化妆师用假刘海掩盖了新娘原本美丽的真发，简直就是画蛇添足。在场的同事都说他不懂，可程志强却固执地认为，化妆师太没“技术含量”了。

喜宴的时候，新娘穿着一身洁白的婚纱出现在台上。

主持人问坐在台下的观众：“新娘美不美啊？”

所有人都高呼，“美！”“太漂亮了！”

程志强却偷偷说：“婚纱很漂亮，不过新娘穿着可能有点不太合适。”由于程志强坐在靠前的位置，离固定式话筒比较近，所以他的话被全场听到了。新娘的面部表情立马僵硬了，幸好主持人急中生智，才让场面没有失控。

后来，程志强又经常遭到一些女同事的白眼。有女同事下班后准备去美容，程志强知道后笑着说："别弄得跟个妖精一样，不然只好我娶你了。"结果，那位女同事的男朋友正好在外面等着，程志强的一句话，差点让他冲进来。

还有一次，一位女同事认识了一个新的男友，正好那天去接她让程志强看见了。程志强第二天又笑着说："你男友还不如我帅呢，还不如跟我好得了。"这位女同事气得不再和他说话了。

渐渐地，程志强发现，许多女同事都不愿和他说话了。

性格豪爽的程志强哪里能忍受这种"尴尬"。他在和一帮男同事聊天时说出了自己的困惑。同事韩越说："你啊，和办公室的女同事说话，太有'风度'了。"

"是啊，对女同事说话可不能太有'风度'。小亚一定是没想到你会在她婚礼上说出那样的话。"另一位同事附和道。

"我说话有风度？"程志强百思不得其解。"是啊，你好好反思一下吧。"

回到家的程志强，仔细琢磨了同事的话，又联想到自己对女同事的态度，猛然醒悟。从那以后，他在办公室里老实了很多。

所谓风度，是指美好的举止、姿态及表情等。一个领导是否有风度，一多半儿来自他说话是否有魅力。说话的风度是一个人内在气质的言语表现，是一个人涵养的外化。大家一定要注意下面几点。

1.耐心发话，不抢话争话

你要给别人发言的机会，不能迫不及待，在他人侃侃而谈时，硬是掐断他的话头，让自己一吐为快。发表己见首先应具备的修养就是耐心，待别人充分发表了意见之后，或轮到你的次序时，你再发言不迟，这不仅不会减轻你发言

的分量，还会调动大家的情绪。

2.动作要稳重，不要人身攻击

说话要适当做些手势，但不要过大，更不能手舞足蹈，或用手指指人。交谈双方距离不宜太远，也不宜太近，要根据双方的关系而定。此外，说话时尊重对方的人格是最大的礼貌。如果在语言上进行人身攻击，不但有辱于对方的人格，自己的人格也会因此而降价。

3.说话要因人而异

对不同文化程度的人说话要有差异。文化水平低的人不习惯使用书面语言，跟他们讲话应该用家常口语；如果用接近书面语言的话，或太过典雅的词句，就难以与之交流了。需要注意的是，文化层次高的人更爱听委婉的话，不爱听质问或不客气的话。

4.玩笑要适中

朋友之间相处的时间长了，总免不了开开玩笑。但在开玩笑时，应注意不要伤及他人的自尊。不管男女，尤其对一些较为敏感的话题，应该适可而止。千万别“祸从口出”，因为一句玩笑断送彼此之间的友谊。

5.尊重他人，切忌随意否定他人

尊重对方是交际的一项基本原则。说活是人的思想的反映，尊重他人的意见，也就如尊重他这个人一样。但有些人为使自己的意见突出，引起他人的充分认同，常自觉不自觉地对他人的意见加以贬低、否定，结果引发了对方的不满和对抗。这样下去，谁还愿意与他做朋友呢?

沟通启示

说话的风度是人的一种自然特色，是与时代相吻合的。我们反对脱离时代追求风度，也反对脱离自己的个性、身份去讲究风度。任何东施效颦、搔首弄姿、没有个性的言谈举止都毫无风度可言。

生动的语言更能感染对方

事实上，言不在多，达意则灵。生动的语言会给我们的魅力加分不少。生动是一种最有趣、最有感染力、最具有普遍意义的艺术。枯燥泛味的谈话谁会喜欢呢？如果彼此之间的谈话生动而富有乐趣，谁不会被深深地吸引呢？

林肯出生在一个清贫的鞋匠家庭中。他的父母是英国移民的后裔，以种田和打猎为生。9岁时，林肯失去了母亲，少年时做过摆渡工、种植园工人、店员和木工。1860年，林肯和民主党派候选人道格拉斯竞选美国总统。道格拉斯是一个大阔佬，非常富有。他为了推销自己，租用了十分豪华的专列，车后安放着一尊大炮，每到一站就会鸣放30响礼炮。此外，他还雇佣了专门的乐队，一路上，乐声不断，声势甚是浩大。道格拉斯还口出狂言："要叫那个乡下佬闻一闻贵族的气味。"他嘴里的乡下佬自然就是指林肯。

出身贫寒的林肯与道格拉斯大不相同。他买票乘车，每到一站就会坐上朋友们为他提前准备好的马车。面对道格拉斯强势的挑战，林肯并没有反唇相讥或者制造声势与其匹敌。林肯一直十分朴素，待人也平易近人，没有一丁点儿道格拉斯那种贵族的傲气。有一次他演讲时说："有人曾问我拥有多少财产。我拥有一个妻子，三个儿子，他们全都是无价之宝。我还租有一个办公室，办公室里有一张办公桌，三把椅子，墙角还有一个大书架，书架上所有的书都值得每一个美国人读一读。我自己不仅穷而且还很瘦，脸蛋也很长，不会发福的。我真的没有什么可以依靠的，唯一能够依靠的就是你们！"

林肯在演讲中并没有空洞地抒发自己的豪情壮志，也没有炫耀自己的财产和业绩，而是真诚而又平淡地说，他有一个妻子和三个儿子，谁家没有妻室儿女呢？他这一句话就拉近了与选民们的距离。他接着说自己的办公室是租来的，里面的陈设也很简单，但是却有值得每一个美国人读的书。他用这种十分

平淡但却感人的话，表明了自己是一个勤奋、廉洁而又有学识的人。这样便在选民心中树立了一个完美的总统形象。说完这些，他又说，自己没有什么可以依靠的，唯一能依靠的就是广大的选民们，这样一来，又让选民们感到了一种十分亲近的认同感。于是，林肯以其情理交融的演讲，一举获胜，成为了美国的第十六任总统。

与他人沟通交流时，运用形象生动的语言颇有说服力，它可以把简单的事情具体化，把枯燥无味的事说得生动活泼，可以化解尴尬的场面。如果你具有这样的说话本事，自然更容易让别人接受你。那么，如何让自己的语言形象生动呢？

1.适当地运用修辞手法

大家在学习语文的时候学过比喻、拟人、排比、夸张、设问、反问等修辞手法，在谈话或者是演讲的时候我们可以适当运用这些手法，使语言生动形象。

2.言语中透露出你的感情

与人沟通的时候，要做到语言有感情，找准情感的诉求点。一要选用生动的例子，让自己的感情从例子中流露出来。二要用诚心与坚定信念进行沟通，切忌三心二意地说话。三要组织语言，找准人的情感共鸣点在哪里。

3.幽默一点，拉近距离

说话时，可以用幽默的方式把严肃的事情表达出来，这样的效果往往比强硬的说服要好得多，最能够达到劝导和说服别人的效果，这一点大家应该学会运用。

4.寓理于事

总是摆道理，不一会就让人感到厌烦，因为这样的沟通方式不仅枯燥乏味，还激发不出别人的兴趣，所以我们要将深刻的道理寓于具体事实之中。那种干巴巴的说教，往往使听者厌烦。要学会善于运用生动典型的事例阐明事理，增强语言的魅力。

沟通启示

大家在与他人沟通的过程中，使用生动形象的语言，掌握语言表述的艺术性往往能够达到事半功倍的效果。如果想把语言说得生动形象，就必须在沟通时饱含热情，同时也要注意使用一些修辞方法，使语言鲜明活泼，富有形象性和幽默感，给人耳目一新的感觉。

第 12 章

沟通冷场怎么办：教你化解尴尬的妙招

>>>>>>

与他人交谈，很容易遭遇“冷场”的尴尬。一旦陷入这样的“僵局”，就必须要有善于沟通，打破“冰冷”的本事。冷场的出现，往往与“话题”有关。“曲高和寡”会导致冷场；“淡而无味”同样会引起冷场。不希望出现冷场的交谈者，应当事先做些准备，使自己有一点“库存话题”，以备不时之需。其实，打破说话冷场的方法很多，关键是要看我们是否能够随机应变，本章为大家提供了几个妙招，希望大家在以后的沟通中能灵活运用。

做个和事佬，巧妙打圆场

在沟通的过程中，有一项技能对于每一个人来说都是必不可缺的，那就是“打圆场”。生活中，总会发生矛盾争执，有时会把你夹在中间，滋味十分苦涩。此时，作为局外人的你，要学会“打圆场”，善于“打圆场”，让矛盾及时化解。

刘复才为江夏县知事，为人极为敏捷，常常在两方争执不下之际，他用一两句话就给双方打了圆场。都督张之洞和抚军谭继洵平时意见就不太一致。这天，刘复才在黄鹤楼设宴，二公及其他客人都在座。酒过三巡，诸位都有些许醉意了。忽然，一位客人不知怎么谈起了武汉江面有多宽的问题。谭继洵说有五里三分宽，他的话音未落，张之洞就说道：“不对！我记得确实，是七里三分宽。”

两人顿时争执起来，互不相让，旁边坐着的诸位客人怎么劝说也无济于事，只好任由他俩争执。

刘复才坐在末座，看见席间这番争执，感到情况不好，继续争下去，搞得不欢而散可就糟了。他急中生智，徐徐举起手来，说道：“江面水涨，则宽七里三分。水落，则五里三分宽了。张公是就水涨时说的，谭公则是就水落时说的。两位先生都没有错。”

张之洞和谭继洵听到这话，顿时哈哈大笑起来，席间顿时恢复了原有的轻

松气氛。

旁座的诸客都为刘复才的片语解纷的机敏而折服。

从刘复才只言片语巧妙化解尴尬的例子我们可以看出，在日常交际中遇到尴尬的场面时，能够准确地把握双方的心理，用恰到好处的言辞打圆场，是十分重要的。圆场打得好，可以化解尴尬的局面，让交际活动正常地进行。

凡事都有诀窍。“打圆场”当然也有打圆场的学问。归纳起来，主要有如下几点：

1.保持冷静的心态

无论出现什么情况，都保持高度的冷静，使自己不失态。如果你不冷静，情绪过分紧张或者激动，很可能应付不了这个局面。接下来或者承认事实，或者愤怒争辩，拼命否认，很可能当时就不欢而散。但是如果你很冷静，可能会很快找出理由来“圆场”。

2.制造轻松话题

在工作中，当同事们在某个严肃或者敏感的问题上非常对立，以致已经影响到同事之间融洽关系的时候，我们可以暂时回避这个话题。借助一些轻松、愉快的语言来转移话题，同时转移双方的注意力，从而达到缓和尴尬局面的效果。

3.帮对方找台阶

许多人在交际活动中陷入被动，许多时候都是因为他们在特定的场合做出了不恰当的行为，从而导致了尴尬的场面。在这种情况下，最有效的打圆场的方法就是找一个借口，用合情合理的解释来说明对方的举动是合理的，这样对方的尴尬便会解除了。

4.情况紧急，迅速调虎离山

有的无原则的争论发展下去就成了争吵，甚至大动干戈。如果双方火气正旺，大有剑拔弩张、一触即发之势，我们应该当机立断，借口有什么急事把其中一人调走支开，让他们暂时脱离接触，等他们消了火气，头脑冷静下来，争端也就趋于平息了。

5.“打圆场”应“扬长避短”

针对各种不同的情况，采取“扬长避短”策略，用巧妙的语言去作解释，通过“扬长”，引领别人换个视角，对先前不满意的事来一番变位思考，让对方从一个新的角度去体会佳妙之处，从而高高兴兴地接受自己的观点。

6.审时度势，让各方都满意

作为调解者应该理解争执双方此时的心理和情绪，不要厚此薄彼，以免加深双方的差异。要对双方的优势和价值都予以肯定，在一定程度上满足他们的自我实现心理，在这个基础上，再拿出双方都能接受的建设性意见，这样就容易被双方接受。

沟通启示

值得注意的是，打圆场一定要公平、公正，不偏袒任何一方，只有这样才能让双方心悦诚服，接受你的劝解和解围。否则，不但无法化解尴尬，甚至还可能引火烧身。

自嘲，让尴尬快速消失

一般人受到责难或被人揭开隐私后都会觉得很尴尬。我们要避免这种尴尬，就要有能力化解，自嘲就是一种最好的方法。无论对方是故意揭开你过去做过的傻事，还是不小心说出你的隐私，如果动真气只能让别人说你没度量、没涵养。

1915年，丘吉尔还是英国的海军大臣。不知是心血来潮，还是别的什么原因。他突然要学开飞机。于是，他命令海军航空兵的那些特级飞行员教他开飞机，军官们只好遵命。

丘吉尔还真有股韧劲儿，刻苦用功、拼命学习，把全部的业余时间都搭上了，负责训练他的军官都快累坏了。丘吉尔虽称得上是杰出的政治家，但操纵战斗机跟政治是没什么必然联系的。也可能是隔行如隔山吧，总之他就是对那么多的仪表搞不明白。

有一次，在飞行途中，天气突然变坏，一段16英里的航程竟然飞了3个小时。着陆后，丘吉尔刚从机舱里跳出来，那架飞机竟然再次腾空，一头撞到海里去了。旁边的军官们都吓得怔在那里，一动不动。

原来，丘吉尔忘了操作规程，在慌乱之中又把引擎发动起来了，望着眼前的一切，丘吉尔也不知所措，好在，他并没有惊慌，装作茫然不知，自我解嘲道："怎么搞的，这架飞机这么不够意思。刚刚离开我，就又急着去和大海约会了。"

没有完美的人生，每个人在经历了各种各样的不如意时，都需要用一种更加洒脱的状态去面对。自嘲就是这样一种让你能够从容面对人生，给自己一些宽容的方式。当遇到问题的时候，往往拿自己开涮，会成为解决问题的灵丹妙药。

在沟通的过程中，如果出现尴尬的场面，我们该如何自嘲呢？

1.要避免油腔滑调

具有积极意义的自嘲，包含着自嘲者强烈的自尊、自爱和责任感。自嘲者的心是热的，自嘲不过是他们采取的一种貌似消极、实为积极的促使交易向好的方向转化的手段。而玩世不恭，则是人们对世事表现出的冷漠、讥讽和不负责任的态度。所以我们一定要保持一种积极的心态，千万不要走偏了道路。

2.学会察言观色

在沟通的过程中要学会察言观色，及时说一些不伤大雅的话来化解彼此的尴尬。举例来说，言谈中你无意间讲了不得体的话，对方脸色一沉，你可以自嘲道："哎，我真是个粗陋的人，肚子里的不当之话总消灭不了，总是自己蹦出来，还请你多多原谅。"一句话，就可以使对方不再介意。

3.分清场合

自嘲要看好场合，在比较正式的场合，比如面试、开研讨会等尽量不要使用自嘲的方式，而应直白且诚恳地发表自己的观点。

4.自嘲不是自贬

自嘲是在拿自己开玩笑，一种自我调侃。自嘲也是一种自娱自乐。但是，拿自己开玩笑绝不是不把自己当玩意儿。自贬，就是不把自己当玩意儿，它是自嘲的一种扭曲和变形。自贬是一种精神上的自残。自贬是在真正的糟蹋自己，真正的瞧不起自己。所以说我们要分清自嘲和自贬的界限。自嘲，但不要自贬，特别是不能对大家公认的优点自我贬低，这样不但是在否定自己，也是在变相地否定他人的判断，这会让对方感到尴尬。

5.自嘲有时应当适可而止

自嘲具有"嘲人"的刺激作用，运用时应格外慎重。通常情况下，应是"点到为止"，让人意会即可，不能一味放纵，喋喋不休。如同用过量的卤水点豆腐，会使豆腐变得苦涩一样，过分的自嘲，也会导致交际出现危机。

沟通启示

嘲笑自己的缺点是一个人人生态度的最高境界，是一种良好的修养，是一种充满魅力的交际技巧，使自己活得轻松洒脱，使别人感到你的可爱和人情味，有时还能更有效地维护面子，建立起新的心理平衡。卡耐基有句名言："关于沟通，除了词汇之外，最重要的就是'趣味'！"生活中离不开幽默，自嘲能够增添情趣，融洽气氛，增进彼此的了解和友谊。

巧妙沟通，“没话找话”

在与人交谈的过程中，如果没话说了，怎么办？相信大家都对冷场这一问题非常头疼。

所以为了增进彼此感情，加深认识，我们谈话时要善于寻找话题。有人说：“交谈中要学会没话找话的本领。”所谓“找话”就是“找话题”。好话题，是初步交谈的媒介，深入细谈的基础，纵情畅谈的开端。

赵海龙刚进一家公司不久，同事间尚不熟悉，与领导更是连面都很少见。

那天上班，赵海龙正好和老总一起搭乘电梯。老总打过招呼之后，赵海龙对老总说：“王总，我听说，公司刚成立时很艰辛，只有一桌一椅，还有和您一起打拼的刘总，这是真的吗？”

“确实是这样的，当年的条件跟现在可是没法比的，生活非常困难，但是那个时候也是有胆识就能拼事业的年代。想当年……”没想到一句话，打开了王总的话匣子，王总自豪地谈了自己早年创业的经历。甚至离开电梯的时候，王总还是意犹未尽。

“王总，您的创业史真的是非常让人敬佩，很励志也很令人感动，希望以后有机会能够听您继续说说您的故事，感觉很受教。”

“哈哈，好，年轻人，你在哪个部门？你叫什么名字？”

“赵海龙。我在策划部。”

“那好，我知道了，去上班吧。”

“好的，王总您忙，有时间我去请教您。”

自那以后，王总记住了赵海龙这个名字。

后来，赵海龙发现王总明显照顾自己，很多时候王总出去办事的时候都带着赵海龙，因为他的口才非常出众，总是能博得大家的喜欢。

假如你遇到类似的情况，你会怎么办呢？是巧妙的去“没话找话”与对方攀谈，还是打个招呼就沉默无语，或是低头玩手机当作看不见呢？若是在电梯里，你不说话，或者你无视领导的存在而一个人自顾自地玩手机看文件，领导只会觉得你对他不敬重。“没话找话”是一种沟通能力，能够让你迅速拉近彼此的距离，如果你在沟通中不懂得适时的制造话题，那场面将会非常尴尬。所以，为了活跃气氛，也为了获取好的人缘，我们就不得不没话找话，不管认不认识，都要说得得体、有趣，让所有人都舒服。

那么，关于“没话找话”我们要学会哪几点呢？

1.中心开花

面对众多的陌生人，要选择众人关心的事件为话题，把话题对准大家的兴奋中心。这类话题是大家想谈、爱谈、又能谈的，人人有话，自然能说个不停了，以引起许多人的议论和发言，导致“语花”飞溅。

2.选择双方都感兴趣的话题

怎样的话题才能引起对方的兴趣呢？一般来说，具有相似性的话题更容易为双方共同接受。例如地域相似性话题、经历相似性话题、爱好相似性话题、职业相似性话题等。只有在你们的谈论中找到更多的共同语言，才能不断扩大你们之间选择话题的范围，使交谈更加顺畅、深入。如对方喜欢下象棋，便可以此为话题，谈下棋的情趣，车、马、炮的运用等等。如你对下棋略通一二，那肯定谈得投机，如你对下棋不太了解，那也正是个学习机会，可静心倾听，适时提问，借此大开眼界。

3.要懂得适时切入

如果场面遇冷，我们要学会适时地切入话题，看准形势，不放过应当说话的机会，在谈话中要适时插入适当的话语，这样可以让别人更深入更清晰地明白你，知道是你的存在化解了不必要的尴尬，从而打心底赞叹你的口才和看事态的能力。

4.以提问的方式不断拓展话题

向河水中投块石子，探明水的深浅再前进，就能有把握地过河；与陌生人交谈，先提一些“投石”式的问题，在略有了解后再有目的地交谈，便能谈得更为自如。如“老兄在哪儿发财？”，“您的孩子多大了？”等。

沟通启示

熟人之间，我们就没必要考虑的太多。倘若对方爱开玩笑又不拘一格，那我们更可以开门见山地谈论各种话题，但是话题的中心最好不要围绕个人，而尽量让大家参与其中。让对方多说话，对方才有被重视的感觉，从而乐谈善谈。

喊错名字太尴尬，怎么办?

名字是我们的标志，我们都希望对方能够记住自己的名字，对于每个人来说，姓名都是百听不厌的美妙词汇。牢记对方的姓名意味着对对方重视有加，反之，如果连常客或贵宾的名字都记不住，难免会给客人一种不被重视的感觉。叫错名字是一件非常尴尬的事情，有时候还会得罪人，所以，我们要避免这种尴尬，做一个受他人喜爱的沟通者。

艾文是一家生产扫描仪公司的电话销售员，一天，他充满期待地拨打了一家公司的电话，这是他费尽力气才得到的这家公司经理的电话。等对方拿起电话时，他急忙说：“您好，蕾亚女士。我叫艾文，是××公司的一名销售员。”

“不好意思，你找错人了，我是丽莎，不是蕾亚。”对方有点生气地说。

“噢，对不起，我可能记错了。很高兴认识您，我想向您介绍一下我们公司的扫描仪。”艾文紧接着说。

“我们现在还用不着扫描仪，我们公司暂时也不需要，您还是咨询一下其他公司吧。”对方提高了声音。

“是这样的，蕾亚小姐，噢，不，丽莎小姐，我想你们会用到的，我们希望能与贵公司合作，我们还有其他类型的扫描仪。这里有产品介绍资料，我先给您寄几份看看，怎么样？”他继续说，“请您看一下，有关介绍是很详细的。”

“不好意思，我已经说了，我没有兴趣。”丽莎生气地说完便挂断了电话。

很显然，艾文不止一次地叫错对方的名字，第一次叫错的时候对方已经表现出了厌恶情绪，他的第二次叫错显然是雪上加霜，让对方无法忍受。想要与对方合作，你就要懂得沟通，但是沟通之前一定要对对方有所了解，这样才能进行深入地交谈，你连名字都称呼不对，这样怎能让对方高兴地与你合作呢？你的失误只会让对方感觉到你对他的不尊重以及你言辞的不礼貌。

记住别人名字是一件非常重要的事情，这是进行深入沟通的前提。很多人在遇到以前见过面的人或刚遇到的人时，常常一时想不起别人的名字，弄得自己很尴尬。下面的方法可以帮助你记住人名：

1.鼓励自己，相信自己

开始对自己说：“我有世界上最好的记性，可以牢记很多名字！”不要老是告诉自己你记不得别人的名字。不要害怕你会忘记，也不要害怕你会叫错别人的名字。只要你消除心中对名字的犹疑和恐惧，你就能发挥记忆的能力。

2.初次相识，确保问清楚

在询问他人名字的时候，如果你还有一点不清楚的地方，就请他重复一遍，最好还能问一问名字是怎样写的。别担心这样做他会不耐烦，反而会因为你对他如此有兴趣，而感到受宠若惊。这样你就能记住他的姓名，因为你已经

在他的姓名上集中了注意力，由此获得了一个清晰而正确的印象。

3.反复记忆

你可以记住无穷多的资料——只要你经常重复记忆，复习那些你希望记住的知识，并经常使用它。把记忆的新词运用到你的交谈之中，例如叫陌生人的名字——如果你很想记住他的名字。在与人交谈时，不断地在心里重复对方的名字。这样，对方的名字将会让你难以忘记。

4.多一点联想

注意观察陌生人的外表，注意他们的头发和眼睛的颜色，看清楚他们的五官，还有他们的穿着，听听他们谈话的语气。对他们的外表及个性有清楚、深刻而生动的印象，并努力把这种印象和他们的姓名联想在一起，下一次当这些印象回到你的脑海中时，就能帮助你记起对方的姓名。

沟通启示

记住别人的名字并运用它。并不是国王或公司经理的特权，它对每一个人都很重要。每一个名字里都包含着奇迹。名字是完全属于与我们交往的这个人，没有人能够取代。名字能使人出众，它能使人在众人中显得独立。

沟通冷场，几个妙招需谨记

在日常生活和社会交往中，尤其是在比较正式的场合，如聚会、议事等常会出现冷场现象，彼此都尴尬。冷场，在人际关系中，无疑是一种冰块。打破冷场的技巧，就是及时融化妨碍交往的冰块。

李志今年25岁，他虽然年纪不大，但是却是一个非常善于言谈的小伙子。

不管是在正式场合还是平日的朋友聚会，他都能迅速吸引大家的注意力。李志平时喜欢交一些志同道合的朋友，即使面对众多的陌生人，他也能毫无困难地和别人聊得融洽自如。正因为他有着高于常人的沟通能力，才在毕业一两年的时间里混到了部门经理的职位，可以说有着很大的发展空间。

有一次，李志和跟他年龄相近的一群人参加王阳举办的一个小聚会。虽然都是年纪差不多大的人，但是彼此认识的也没有几个，所以一开始的时候大家坐在一起都感到有点尴尬，彼此不知道说什么。李志看到这种情况就迅速想了一个办法化解现场的尴尬。他说："听说凤凰传奇又出新专辑了。里面有一首歌曲叫《中国味道》，歌曲很好听，让人激情澎湃！你们怎么认为呢？"

"真的吗，我很喜欢凤凰传奇。"这时其中一个朋友凑过来询问。于是李志就跟他谈了起来，其他的人听到后也开始七嘴八舌地开始议论，李志很聪明，他料到这一群人里肯定有喜欢凤凰传奇的，也有不喜欢的，大家年龄相仿，肯定都很关注明星的这些娱乐动向……

本来场面有点尴尬，但是经李志巧妙的提问，打破了一开始的沉寂，让彼此的关系不断拉近，场面也就逐渐暖了起来。

只要会话者掌握了破"冰"之术，及时根据情境设置话题，冷场是很容易被打破的。打破冷场的局面，我们可以通过以下几点来学习。

1.说点趣事，来个小插曲

你觉得有意思的事情或许在听的人看来毫无意义，或者你的表达平淡无奇，使听的人渐渐感到疲倦，注意力开始分散。所以你要抓住人们渴望趣味的视听倾向，说一些他人津津乐道的轶闻趣事。

2.找寻新的话题

如果你觉得与对方没有话说，马上就要冷场时，不妨试着寻找一个新的话题。比如你与别人谈今日凌晨看的一场世界杯足球赛电视直播，可别人并不喜欢足球，也没有在半夜里爬起来观看，所以对你讲的毫无兴趣。这时，你就应

及时将话题转移到其他方面去。

3.注意叙述方式是否得当

若想交谈的气氛融洽、不“冷场”，应该注意叙述的方式是否得当。如果直接叙述，不加任何评论或渲染，即便有再好的主题，也不会使话题生动有趣。如“姚明的球打得不错”“这部电视剧挺好看”等。像这样平直地叙述，无法使话题的内容丰富而精彩。

4.就地取材，制造话题

可以介绍一件事、一个人或一件东西，以期吸引大家的注意力，激发他们重新开口的兴致；或者就地取材，对环境、陈设等发表看法，引起议论。

5.把问题扔给对方

在交谈过程中，如果出现冷场现象，可以就时下大家比较关心的问题，先表达自己的观点，然后询问他人对你的观点有何评价。有时也可以特意地装出不懂的样子，并表现出急切想知道的样子，让他人讲给我们听。

6.触景生情，亲和地拉近距离

有时候为了某种需要，我们要跟陌生人进行深入地沟通，这时候冷场就非常可怕了。与陌生人交谈，如果总离不开籍贯、住址、身世等，会让人认为你在查户口，而且容易出现冷场的现象，因此要善于睹物生情，看到什么谈什么，这样既显灵活又可增进友谊。但是说话的内容和尺度还是需要自己把握好。

沟通启示

冷场的根本原因在于说话人的话没有吸引力。冷场的出现，是发言者的失败，因为它不能达到彼此沟通交流的目的。所以为了避免冷场，说话人一定要发挥自己的聪明才智把话说“活”，吸引对方的兴趣，避免冷场状况的发生。

会打马虎眼，说好模糊话

说话是讲究艺术的，也要经由大脑的思考，不是什么话都可以说出口的，也不是什么话都能直白的表达。这时候我们就要懂得说好“模糊”话。那么，什么是“模糊”话呢？所谓“模糊”话，顾名思义，就是有多种解释而不会直接授人以柄或伤及他人的话，是介于真实话和答非所问、顾左右而言他之间的一种很容易被人接受的话。它可以充分体现一个人的素养和幽默机智。

宋仁宗时，朝廷派尚书左丞韩亿出使契丹。当时担任副使的，是章献太后的外亲。这位副使总想找机会给章献太后歌功颂德，以便从中捞取好处，他认为此次出使契丹，正可建功邀宠。于是，这位副使便在契丹假传圣旨，说太后告谕契丹，南北两朝应子子孙孙永远和好等等。

第二天，契丹国主询问韩亿说：“皇太后既然有旨，大使为什么不告诉我们呢？”韩亿本来不知道这件事，听契丹国主如此说，就想：这一定是副使假传圣旨，用来表现自己。此事关系到两国之间的关系，得找个适当的理由掩盖过去。想到这里，他就对契丹国主说：“本朝每次派遣使者外出，皇太后都要用这样的话告诫我们，并不一定要我们转达到北朝。”契丹国主听韩亿这样回答非常高兴，说：“太后如此圣明，这真是南北两朝百姓的福气啊！”

那位副使正在为自己的失言而担忧，深怕因此闯祸，听他们双方如此一说，心中一块石头才落了地，不由暗暗佩服韩亿的答辩才能。

看完这个故事，我们不得不佩服韩亿的口才和头脑，他正是运用了模糊语言的方法巧妙的应对了契丹国主的问题，不仅宣扬了太厚的仁德，还化解了不必要的事端，这种说话的艺术值得我们每一个人学习。

人生在世，要与别人交流，说话必不可少。要想说好话，为自己的人

生铺好路，就要学会说话的技巧。当我们面对一些不确定或者不好准确回答的问题的时候，就要采用委婉模糊的说话技巧，要给自己留下了一个回旋的余地。

该明白的时候说话就要明明白白，该模糊的时候就要模糊，这都取决于说话的场合和对象。那么，说模糊话有什么需要注意的地方呢？

1.必要时需要装聋作哑

在某种勾心斗角的场合，如果处境不利而又无计可施，什么也不能表示，那就索性装聋作哑，避免落入对方设计的圈套而使自己更加被动。

2.注意“粗”与“细”的艺术

对于管理者来说，如果是重大决策、原则问题，那就必须仔细调查研究，分清是非，决断处理。但像诸如各单位的具体问题，比如管理团队不团结问题，下属间的隔阂问题，员工的情绪问题，管理者在与员工沟通时采取“宜粗不宜细”的模糊方式去处理，其效果往往比精细深究更胜一筹。

3.在面对具体的任务时一定要说清楚

在面对具体的任务时一定要交待清楚，丝毫马虎不得，这个时候就要有一就是一，有二就是二。

4.有意识地使用模糊语言

有朋友邀请你去做客，你担心自己到时候没有时间去，就不必要定下具体安排，而可以说“如果有时间的话，我就去一趟。”这样说话，很灵活，如果到时候，发现自己还有其他的事情要做，就可以打电话告诉对方，自己去不了。一般情况下，别人都是能理解的。

5.自己不愿回答的问题可以说模糊话

有些事情自己实在不愿意去做，但是又不想得罪人，这时候我们可以说一些模糊的话，用模糊语言把问题一言带过，如果用直白的语言来说，反而会造成不必要的麻烦。

沟通启示

一般来说，在人际交往中，大家都力求把话说得简洁明快，清晰易懂。但是在特殊场合，模糊朦胧、若即若离的语言反而更显诙谐幽默，散发出独特的魅力。语言模糊，不等于意思模糊。说话者之所以没有“开诚布公”，大多是为了避免双方陷入尴尬的处境，但说者和听者，都是心照不宣的。

第 13 章
化解误会沟通法：用真诚换取一句原谅

》》》》》

不管是生活中还是工作、学习的过程中，只要有人的存在，就有可能存在观点的分歧。人只有两只眼睛，不可能将四面八方的空间都看清楚，公说公有理、婆说婆有理，每个人都僵持在自己的道理上，也就很容易产生误会。如果误会发生了，我们是抱怨还是争执呢？其实，这些都解决不了问题，我们要做的就是及时沟通，避免问题升级，以至最后闹得一发不可收拾。沟通是化解矛盾的最好方法，其中到底有什么技巧呢？相信大家一定会在本章中找到答案。

及时沟通，及时化解矛盾

人与人之间在某些观点上不一致是很正常的，不同的人由于认识、思想上的不一致，出现分歧、产生矛盾也是常有的现象。面对问题、分歧、矛盾，彼此之间应正视客观现实，要及时通过讨论和自我批评，使问题得到沟通解决，这样才能把问题快速处理清楚，让矛盾的火苗及时扑灭，彼此之间才能和谐地相处下去。

萍萍谈起和自己男朋友诚哥多年的办公室恋情，总结的八字箴言就是“及时沟通，快速化解”。

萍萍和诚哥两个人从最开始的小情侣终于修成了正果步入婚姻的殿堂，中间也有很多的磕磕碰碰，但是经历了这么多，反而磨合的越来越好，也为以后的婚姻生活埋下了幸福的种子。

萍萍刚入公司的时候，也告诫自己不要和办公室的同事谈恋爱，因为早就知道办公室恋情很难存活，夹在工作和生活的夹缝中，所以这成了萍萍择偶的一大禁忌。但是从事IT行业的萍萍很难接触到工作以外的人，自然同事成为最常见面的人，也更容易放下彼此的心理防线。随着自己年龄的增长，也顾不了那么多了，选择了一直默默关照自己的同事诚哥。

但是萍萍和诚哥都是暴脾气，刚开始在一起还好，大家都顾忌对方的面子，可是时间久了就开始出现争执了，为了鸡毛蒜皮的小事就吵得不可开交，不光在家里吵，在办公室也经常争个面红耳赤，萍萍觉得这样下去迟早要分

手，不但爱情不保，甚至还会影响两个人的工作。于是，萍萍和诚哥定了几条规定，不管谁的错，都要忍着回家里发脾气，一个人先发了脾气，另外一个人要忍着，不管谁的错，谁先发起火，谁就要先道歉承认错误，及时把问题处理掉。一旦发生了不愉快，一定要当天解决，否则睡一觉后就要彼此装作没这回事了。

自此还真少了很多的争吵，即使有了误会，一顿午饭的时间也会彼此交谈一下，几句话就解除了不愉快，多年来，萍萍和诚哥一直甜蜜蜜地经营着这份办公室恋情。

不只是男女朋友之间，普通朋友之间也会发生矛盾，这是很正常的事。当矛盾出现时，只要能正确面对并及时化解，一般不会造成太大问题，反而有可能会进一步促进朋友间的关系。但是，如果不能及时处理的话，就会追悔莫及。

如果你逃避问题，那么问题就会像滚雪球一样越滚越大，直至无法处理。生活中彼此之间出现摩擦是很正常的事情，我们要放宽自己的心态，学会宽容，及时地把事情说清楚，让彼此的误会迅速解开，这样在以后的相处中才不会变得尴尬，彼此之间的感情也不会因为这一件小事而变得生疏。

朋友们，如果你与朋友出现矛盾，你怎样说服自己放下身段，及时与对方把问题沟通好、处理好呢?

1.宽容一点，大气一点

学会宽容，是处世的需要。世间并无绝对的好坏，而且往往正邪善恶交错，所以我们立身处世有时也要有清浊并容的雅量。眼里揉不得沙子，锱铢必较，为血气之争搞得跟卖面粉的遇见卖石灰的一样谁也见不得谁，不仅尴尬，还招致仇怨，实在不值得。

2.思路要清晰，把话说明白

在与对方交流的过程中可以让你的思路更清晰，你只有自己很清楚的情况下，才可以清楚地阐述给别人。你的目的是通过言语来表明自己的心迹，化解彼此的矛盾，你要清楚地告诉对方问题其实是怎样的，你们直接的误会来自于哪里，明明白白地说清楚。

3.不逃避，不拖延

任何事情都不可能一帆风顺，不管是生活交际还是学习工作，随时会遭遇难题，而且不管是什么难题，几乎都会牵扯上人的因素。逃避没有任何意义，只会让问题越来越严重。所谓“长痛不如短痛”，矛盾越拖越麻烦，与其等到以后再去解决大麻烦，何不现在就把简单的小麻烦消灭殆尽呢?

4.主动道歉，主动化解

由于自己的行为言谈举止不当，而得罪人，那么自己应该采取积极的态度，主动承担自己应负的责任，并且要主动地去向对方道歉，求得对方的谅解。道歉要选对合适的时机和场合。若选在对方心平气和、心情舒畅时去道歉，怨恨往往容易化解；或是当对方有喜事临门的时候，“人逢喜事精神爽”，这时也容易接受你的道歉。

沟通启示

在矛盾产生以后，及时沟通是很重要的。但如果矛盾和误会不能及时地消除，那就会人为地制造不断积累增高的坎儿和扑不灭的火焰山。适时说开矛盾，解开误会，好处在于防止误会加深。如果有矛盾产生，请你及时与对方把问题说开，不要总想着让对方主动，或许他没有认识到其中的误会。人与人思考的问题并不是一样的，我们要懂得理解和谅解。

真诚道歉，方能打开心结

世上没有十全十美的人，每一个人都会犯错。与人交往，难免不说错话，

不做错事，也就难免不得罪人，有时甚至会给他人带来精神上的巨大痛苦和经济上的巨大损失。对此，若是能及时认识自己的错误，诚恳地向人家道歉，并主动承担责任，总是能得到别人的原谅的。

战国时候，蔺相如由于自己的才干被赵国君主封为“上卿”。然而，同样有功劳的廉颇心里却是始终不服气，他认为自己是大将军，为赵国立下了汗马功劳，为何把这么一个大官让蔺相如去做？廉颇认为，蔺相如只会用大脑，一打起仗来一定不如自己，所以他怒气冲冲地说：“我要是碰着蔺相如，一定给他一个下马威，看他威风到几时？”

然而，世界上没有不透风的墙，廉颇的这些话传到了蔺相如耳朵里。蔺相如立刻吩咐他手下的人，让他们以后遇见廉颇手下的人，千万要让着点儿，不要和他们争吵。蔺相如手下的人不知其原因，问大人：“为什么大人会这么让着廉颇，大人与他是平级啊！”蔺相如语重心长地对他们说：“秦国现在不敢来打赵国，就是因为国内文官武将一条心，如果我们起内讧，那么赵国就会不堪一击了，我这么做的目的是不想让赵国毁在自己人的手里。”

廉颇听到蔺相如的这番话后非常惭愧，所以他要向蔺相如请罪。他脱掉衣服的一只袖子，露着肩膀，背了一根荆条，直奔蔺相如家。见到蔺相如时跪了下来，双手捧着荆条，请蔺相如鞭打自己，以表自己的诚意。蔺相如原谅了廉颇，两人成为知已。

这故事流传很广，“负荆请罪”也变成了成语。它表示承认自己的错误，请求对方给以惩罚。现在常用它表示主动而真诚地认错道歉的意思。

空洞的道歉一点价值也没有，它或许可以为错误的行为找出理由，却无法使行为造成的伤害复原，只有真诚的道歉才是有帮助的。那么，如何才能在道歉中体现自己的真诚之心呢？

1.态度要正确

道歉要有一个正确的态度。只有态度诚恳，别人才有可能接受我们的道

歉。如果我们在道歉时敷衍了事，那么不仅起不到预期效果，还有可能进一步激化双方之间的矛盾。因此，我们在向别人道歉时，一定要用真挚的语气和诚恳的态度。

2.道歉要及时

闻一多先生早年曾是“新月派”诗人，同鲁迅作对过。后来，当他发现自己错了时，鲁迅先生已经逝世了。于是他便借纪念鲁迅先生的大会，当众表示自己对鲁迅先生的深深歉意。对于闻一多这种坦诚直率的品德，与会者无一不报以热烈的掌声。所以，如果认识到了自己的错误，我们就应该及时获取他人的谅解，这样才不会留下遗憾。

3.摆正自己的心态

不要认为说“对不起”是耻辱的。“对不起”体现出了真挚和诚恳。即使是大人物，也是懂得道歉的力量的。丘吉尔对杜鲁门刚开始的印象很坏，可是后来他告诉杜鲁门，说开始的时候自己低估了他，这种歉意的表达方式值得赞美。

4.道歉语应当文明而规范

有愧对他人之处时宜说：“深感歉疚”“非常惭愧”；渴望得到他人谅解时需说：“多多包涵”“请您原谅”；有劳他人时可说：“打扰了”“麻烦了”。一般场合时则可以讲：“对不起”“很抱歉”“失礼了”。

5.不要找客观原因

认错、道歉要真心实意，不必找客观原因做过多的辩解。就算确实有非解释不可的客观原因，也须在诚恳的道歉之后再略为解释，而不宜一开口就辩解不休。否则，这种道歉，不但不利于弥补裂痕，反而会扩大裂痕、加深隔阂。

沟通启示

有了错误，就大方勇敢地承认，及时改正，同时增强自己的自身修养，这是最好的对待批评指责的方法。当然，在承认自己错误，向对方表示歉意的时

候，一定要表示出自己的真诚。虚伪的道歉非但不能得到对方的谅解，反而会将事情弄得更坏。试想，没有诚意的认错道歉，谁又能接受呢？

出现问题，先学会反省自己

金无足赤，人无完人。人活在世上，谁都难免会有这样或那样的缺点和错误，谁都难免有丑陋的一面。就连爱因斯坦都宣称，他的错误占90%，那么我们普通人身上的错误就更不用说了。所以，在与人沟通的过程中，如果出现了误会，我们不要总是争个面红耳赤，闹得沸沸扬扬，我们要学会反省自己，改进自己，维持住友谊，这样自己在以后的沟通过程中才会更加顺利，才会赢得更多人的喜爱。

曾国藩也曾年轻气盛，天性脾气暴烈，因志向远大，在为官的过程中经常被人嫉恨。曾国藩在家守制时，郁结难平，于是忍不住对家人发脾气，经常与弟弟甚至弟媳妇发生口角。后来，在三河镇战役中曾国华阵亡，曾国藩陷入痛苦的自我悔恨之中，他在以后的家信里不停检讨自己的行为："去年在家，因小事而生嫌衅，实吾度量不宏，辞气不平，有以致之，实有愧于为长兄之道。千愧万悔，夫复何去年在家，以小事急竟，所言皆锱铢细故。泊今思之，不值一笑。负我温弟，既愧对我祖我父，悔恨何及！当竭力作文数首，以赎余愆，求沅弟写石刻碑……亦足少抒我心中抑郁悔恨之怀。"他曾多次为自己在家守丧期间的坏脾气而检讨，说因此才有曾国华之死。

曾国藩之所以在后来的治军时拥有好人缘，与他常自我检讨、不苛责别人有直接关系。曾国藩说："行军之道，贵在人和而不争权势，贵求实效而不尚

虚名。”举大事者不拘小节，要善于发现别人的长处，发扬别人的优点。

曾国藩与左宗棠和沈葆桢有过很大的矛盾，但由于曾国藩本人没有指责他们，只检讨自己，才在紧要关头化险为夷。

左宗棠曾经三番两次地指着曾国藩的鼻子批评，言辞激烈，毫不留情，但是曾国藩并没有记恨他，而是依然真诚地和他保持来往，并从左宗棠那里学到了不少东西，他诚恳的态度也让左宗棠很感动。

与人沟通，记得要给人留下一个大气的形象，不要遇事总找别人的理由，否则你是很难与他人相处下去。人生的道路很漫长，停下来歇一歇是为了更好地赶路，走得更久更远。要记住，在这个过程当中，寻找失误，并反复检讨自己的失误是成长过程中一个很重要的课程。成长的道理就是不断检讨自己的过去，要以一颗宽容的心对待周围的每一个人，不要过于计较。

反省是一种态度，更是一种修养，要想让沟通不断深入，要想在成长中不断进步，要想让自己周围的环境更为和谐，请记得多多反省自己，检讨自己的问题。

1.做人要大气

不要总是与人争个高下，大气一点，这样的你才是真正的人生赢家。大气是一种境界。俗话说，冤家宜解不宜结，人际关系发生矛盾，总要有一方或双方作出适当退让，问题才能得到解决。这种退让，不是懦弱，也不是无能，而是建立在知世情、明事理基础上的豁达与大度。

2.多认识自己

老子说：“知人者智，自知者明。”若要了解自己行为的得失，则必须用“自知”的镜子来自照。反省如同一面明镜，在反省的明镜中，自己的本来面目将显现无余。一个人眼睛不要总是盯着别人看，重要的是要先认识自己。从反省中认识自己，从自知的镜子中了解自己的真面目。

3.问问自己做的够不够好

要懂得“用望远镜看别人，用放大镜看自己”的道理。在生活及工作中，

不要一味地责怪他人，而应该时常检省自己的言行。只有自己做好表率，才有权利去批评别人，才能够令别人信服。

4.有所悔改

孔子说："过而不改，是谓过矣。"这是孔子对于过错的看法：一个人有过错不要紧，只要能改过就好了，如果有过错而不肯改，这就是大过，真正的过错。

5.根据情况，选取方法

有人写日记，有人静坐冥想，还有人只在脑海里把过去的事放映出来检视一遍。但不管你采用什么样的方式，只要做到有效就行，自省也不能只流于一种形式，每日看似反省，但始终却找不出身上的问题，甚至还对错不分，那这个问题更应引起你的注意。

沟通启示

反省是一个人主动地剖析、反思、总结自己的缺点、错误和不足，追求人格完善和行事端正的一种自觉行为。反省是严于律己，是为了有自知之明。一个人之所以能够不断地进步，在于他能够不断地自我反省，找到自己的缺点或者做得不好的地方，然后不断改进。

不计较，心胸决定人生宽度

刘小华刚刚步入职场，就准备了一个小本子，每次领导或其他同事有什么安排或指示，她就立即将这些记在本子上，每天下班前，她都再检查一遍自己的工作，看是否做好了。

某天快下班时，忙了一天的刘小华正准备检查下工作，然后下班回家。这一翻小本就发现了问题——下周一公司有个活动的策划方案还没有做好。仔细一看，刘小华发现这件事是前几天经理在开会时顺便提了一句，让刘小华他们小组三个人做一下，并没有吩咐谁去做这件事情。下午组长就问了一声他们小组的陈玉、王宁和刘小华："经理吩咐我们做一个策划方案，说是下周用，我需要出去跑一个业务，你们一起讨论一下怎么做。"说完组长就出去了。接着陈玉就随口一说："之前都是王宁负责，虽说让我们一起，意思就是讨论完成后交给她吧！"恰好今天王宁心情不是很好，本来还打算要做一下的，这一听陈玉如此理所当然地说出口，顿时火冒三丈，她说："我不管，没有指明是我，爱弄不弄。"刘小华一看情况不好，就说："大家别伤了和气，如果两位前辈很忙的话，那就交给我做吧。做完之后你们帮我把把关。"大家一听，顿时高兴了，当时的硝烟也散了。都夸刘小华是个懂事能干的姑娘。

说干就干，刘小华把活动材料和要求打印出来，确认活动人员和安排，在刘小华张罗这些的时候，部门几个同事摇了摇头，有个关系好的同事劝她："经理出差去了，大家都难得悠闲会，你怎么还准备加班啊？咱这儿又没有加班费，老板也看不到，这种事以后你还是少管吧，弄不好了到时错误全在你身上。"刘小华笑了笑道："如果没人做，那下周我们几个就更麻烦了。"同事笑了笑，说："不管你了，你爱怎么弄就怎么弄吧，下班了，我走了。"

刘小华设计好活动流程和主题后，用打印机打印出来，做好这一切后，对活动现场用到的一些标语刘小华觉得还不满意，就上网找了一些活动方案打印出来，又从中选了些有创意的点子和现场装饰图案，虽然加了个班，但活动方案总算做好了。

周一早上，出差刚回来的经理看到一份活动方案放在自己电脑桌上，真是惊喜交加，刚才路上才想起来今天的活动方案好像没有人负责，那些下属肯定到时会说没交代给他们。翻开方案后，他越看越满意，很是欣慰，自己手下有

这种员工以后办事可以更放心了。

周一的活动举办得很成功，各项活动有条不紊，现场气氛也很好，几个企业嘉宾感受到公司这种氛围后，也都达成了和公司继续合作的意愿。经理后来知道这是刘小华做的策划时，对这个新人也另眼看待了。而且，刘小华在公司的人缘也越来越好。

如果当初刘小华在与她们几个沟通的过程中斤斤计较，那么三个人肯定争个面红耳赤，不仅完不成任务，还会让领导反感。刘小华用自己的主动缓解了一场不必要的矛盾，也赢得了大家的喜爱。

那么，如何在生活中做一个不与人计较的人呢？

1.培养豁达的心胸

唯有心境豁达、处世淡定的人，才能在面对生活中的困境、挫折时处事不惊，并会用理性的方式来处理问题。一位哲人曾经说过：通常来说，幸福的人是只记得个人一生中满足之处的人；而不幸的人，是往往只记得与此相反的内容的人。

2.看淡得失

人的一生就是在得与失中度过的，或者说人生就是得与失的集合体。因此，得到或者失去，本来就是人生之中平常的事，今天得到了这个，明天或许失去了那个。所以，不要为了点滴利益而与人争个面红耳赤，看淡一点，你今天所做的都是为明天打基础。

3.眼光放长远

人生犹如下棋，精明的人往往能看出后面的五步甚至十几步棋，把握局势，从而把握住成功。做事一定要有长远眼光，这样才能获得长久的利益。相反，做事鼠目寸光、只顾眼前利益，必然会带来严重的后果，最后导致得不偿失。所以，不要为了眼前的一点小事与人争执，放远目光，让自己的眼界更高远一点吧。

沟通启示

人生在世，岂能时时顺心、事事如意？如此，做人就别太计较，该糊涂的时候就不要顾及自己的面子、学识、权势。聪明难，糊涂更难。所论大智若愚，便是该聪明时聪明，该不计较就让它过去，适时的糊涂才是聪明的更高境界。

弥补过失，用行动来证明

周一早上，公司的财务部会议上，经理批评了会计倪玲，她现在心里还觉得委屈呢，做账的时候也心不在焉，一点效率都没有。这时候，倪玲接到一个电话，是刚辞职的上任会计王萧打来的。王萧在那边连声道歉：“对不起啊，倪玲，都怪我没有在交接工作的时候跟你说清楚……”

倪玲所在的是一家保险公司，上个月公司调整了保险收费制度，但是当倪玲依照新制度给一位客户打投保凭条时，却引来对方的不满，甚至说要投诉。这是位老客户，但是由于倪玲刚来公司两个月，所以不是很熟悉。

这位老客户姓李，大家都称呼他李哥。李哥收到凭条以后，发现收费制度和以往的不一样，并在投保金上有所增长，所以很生气，认为该保险公司不够诚信，在没有通知自己的情况下就擅自修改制度，给自己带来了经济损失。李哥决定撤销在公司的大批投保项目。

为这事，早上经理狠狠地批评了倪玲，说她工作没做到位，没有向客户交代清楚，才造成了李哥的不满。

倪玲嘴上认错，可心里不服气：这也不是我一个人的责任，要怪也要怪上任会计王萧。王萧没给我把工作交接清楚，我怎么知道哪些是新客户，哪些是

老客户啊。

所以，下午王萧的这个电话，总算让倪玲的心里舒服了一点。电话里，王萧为自己的考虑不周道了歉。

倪玲不解地说："王姐，你不是已经不在这儿工作了吗，还这么关心公司的利益？"

王萧笑着说："这次的失误跟我的交接工作不细心有关，怎么能让你一个人背黑锅。"

倪玲反而不好意思了，她深深地为自己的心胸狭隘感到惭愧。接着两个人认真商量起挽回这次损失的办法。

经过细心地分析，倪玲和王萧发现客户李哥之所以这么生气，一方面是由于公司没有通知他修改制度这件事情，而更重要的一方面是，新制度比老制度的投保费用高，因此李哥觉得自己不明不白地蒙受经济损失。

所以，针对这个心理状况，倪玲和王萧很诚恳地上门向李哥表示了歉意。李哥开始还不买账，直到倪玲和王萧向他娓娓道来新制度为客户带来的好处，而且这些好处相比起经济上表面的损失金额甚至更为丰厚时，李哥脸上才渐渐出现了笑意。

最后，倪玲和王萧礼貌地向李哥告别："实在对不起啊，李哥，这次失误给您带来了困扰，我们会尊重您撤销在本公司投保的决定。非常期待以后还有机会合作。"

这时候，李哥心里的不满和误解早就一扫而空，他高兴地说："不用等以后了，有你们这么诚恳的职员，我非常愿意并且放心在你们的公司继续投保。"

无论是在工作中还是在生活中，当我们犯了错误的时候，首先想到的应该是承担责任，并采取一切可能的措施设法去弥补自己的过错，将造成的负面影响降到最低，而不是去想如何隐瞒错误或推卸责任。那么，怎样才能用行动证明自己是一个敢于承担责任，勇于弥补过失的人呢？

1.摆脱心理负担

有些人认为承认错误既有失尊严，又担心受惩罚。事实上，恰恰相反，不仅不会受到损害，反而会使人尊敬你、信任你，你在别人心目中的形象反而会更好。

2.为自己的失误向他人致歉

与人沟通肯定会出现矛盾，如果是自己的错，那就勇于承认并向他人致歉，否则你的逃避只会让周围的人更加看不起你。致歉不是丢人的事情，事情说开了，彼此的心结也就打开了，以后交往的障碍也会越来越少。

3.培养自己的责任心

责任心虽不像知识、技能那样清晰可见，但它却是能力发展的催化剂。一个对自己负责任的人，做事情自觉；一个对他人负责任、愿意给别人以帮助的人，易受人欢迎；一个对社会有责任心的人，容易成大器。可以说，责任心是人们走向成功和通向幸福之路的必备条件。

沟通启示

“尽可能少犯错误，这是做人的准则；不犯错误，那是天使的梦想。尘世上的一切都免不了犯错误，错误犹如一种地心引力。”人生在世，犯错误是难免的，但是一个人如果能够改过自新就是最可贵的。所以，与其把错误当成一种伤疤时时刻在心上，不如赶紧寻找弥补的办法修正过错。

第 14 章

玩转幽默式沟通：做最受欢迎的人

>>>>>>

想要成为一个受欢迎的人、给他人带来欢乐的人，你一定要懂得幽默。与人沟通，幽默的人总是能给对方带来愉快的心情，让彼此的距离不断拉近。幽默、诙谐的语言不仅悦耳动听，引人发笑，而且可以丰富生活、缩短洽谈者之间的距离，善讲幽默话的人容易讨人喜欢，无怪乎人们称相声演员为“语言大师”。就是因为幽默往往与乐观、愉快、希望等连在一起。如何轻松玩转幽默式沟通？本章将会为大家进行详细讲解。希望大家能从中汲取到有用的信息，让自己以后的沟通变得更加灵活。

幽默，达到你沟通的最佳效果

心理学家凯瑟琳说："如果你能使一个人对你有好感，那么也就可能使你周围的每个人甚至是全世界的人，都对你有好感。只要你不只是到处与人握手，而是以你的友善、机智和幽默去传播你的信息，那么时空距离便会消失。"在人际交往中，想要与对方达到沟通的最佳效果，你就要懂得幽默，因为幽默是达成目标的捷径。

美国人赫伯·特罗在《幽默的力量》一书中提到一个生动的事例：

一位经验丰富的老推销员带着一位对业务完全生疏、慌里慌张的实习推销员去推销收款机。这位前辈看起来并不潇洒：身材矮小、圆圆胖胖、红彤彤的脸，可是言谈举止间洋溢着一种幽默的活力。

他们来到一家小商店。老板向他们喊道："我们不需要收款机！"这时，老推销员靠在柜台上哈哈大笑起来，好像刚听到一个世界上最好笑的故事一样。老板莫名其妙地望着他。

笑了一会，老推销员直起身子，微笑着道歉说："我忍不住要笑，您让我想起另一家商店的老板，他开始也说对这个没兴趣，可是后来却成了我们最好的主顾之一。"

随后这位老推销员津津有味地介绍了自己的商品。每当老板表示对它没兴趣时，他就把头埋在臂弯里，咯咯地笑起来。然后他再抬起头，又说了一个故

事，同样是说某人在表示不感兴趣之后。又买了一台新的收款机。

当时大家都在看这两位推销员。那位实习推销员感到窘迫极了，恨不得调头就跑，他想："他们肯定会以为我们是一对傻瓜，而把我们撵出去。"可是那位老推销员继续哈哈大笑。把头埋在臂弯里，然后又抬起头来，把老板的每一声拒绝都变成对往事的幽默回想。

最后，令年轻推销员惊诧不已的是，不一会儿老板居然同意购买一台新的收款机。后来，这次经历对年轻推销员产生了神奇的影响。每当他遇到棘手的事情时，就会想起那位老推销员，那圆圆胖胖的身材，微笑的脸庞总是浮现在他的眼前，耳旁还响起那快活的意义深远的哈哈笑声，于是他就有了对待工作的幽默力量。

沟通的成败与否与你这个人的人格魅力是有很大的联系的，如果你能用幽默来装点自己，那么你就很容易走进对方的心灵。幽默可以获得交际对象的好感。而获得对方的好感是交际活动成功与否的关键之一，在一般情况下，人们都愿意与富有幽默感的人交往。有人说，一张笑脸，可以引起无数人的笑脸，但是一张哭丧的脸，却永远孤独。从某种意义上说，这是对的。

做任何事情都需要掌握一定的技巧，想要变得幽默就需要掌握幽默的技巧。学会幽默需要掌握以下几点技巧。

1.学会自嘲

如果在公共场合出现尴尬的情况，这时你就应该学会自嘲，化解尴尬的局面。幽默是一门艺术，而很多人在使用的时候却总是不得要领。因此，要想在生活中学会幽默，就需要经常和幽默的人打交道，掌握幽默的技巧才能最终掌握这门艺术。

2.出发点要明确，要与人为善

幽默不同于讽刺。讽刺是对社会生活中的不良现象予以尖锐的嘲笑和谴责；幽默则不然，最多是含笑的启示，一种善意的暗示性的批评，并无刺伤他

人的意思，运用幽默，绝不能借说笑来嘲弄挖苦别人。特别注意的是，不要对智障的人、贫穷的人、身体残疾的人进行讽刺和嘲笑。用残疾人的身体缺陷作笑料来幽默，是不可取的。所以，我国某些著名笑星就受到一些国际友人在这方面的批评。

3.分场合，看对象

在运用幽默语言的时候，一定要避免不分场合、不分对象的幽默。在不同的场合、不同的对象面前，同样的幽默故事产生的作用也是不同的。在一些情况下，幽默产生的正面能量会起到积极的作用；而在一些场合，幽默很可能会起到消极的作用。所以，我们一定要考虑幽默的时机。

4.选取高雅的内容

笑料的内容取决于开玩笑者的思想情趣与文化修养。内容健康、格调高雅的笑料，不仅给对方启迪和精神的享受，也是对自己美好形象的有力塑造。所以我们所表达出来的幽默一定要是健康向上的。只有这样，对方才会觉得你是一个值得信任的人，才会与你建立朋友关系。如果你用低级的幽默取悦对方，虽然对方表面不会说什么，但是内心早已经排斥你了。

5.本着真实而自然的原则

在日常工作中，经常看到或听到一些成功人士，他们大多把幽默运用得十分自如，真实而自然。没有耸人听闻，也不哗众取宠，更不是逢场作戏。这是因为，他们都知道太精于说妙语和笑话，对个人的形象并无帮助。所以，不要像那些不懂幽默的人那样硬生生地去制造幽默，否则你不仅达不到幽默沟通的目的，还会给他人带来一种滑稽、浅薄的印象。

6.注意尺度的问题

在幽默沟通的过程中切忌不明确目的，不掌握尺度的行为。幽默的尺度，也是幽默的支点，通常人们所运用的都是嘲讽假恶丑的、颂扬真善美的道德尺度。即对幽默题材对象运用正确的道德评价，不用愚昧去嘲笑科学、不用错误

的标准去攻击正确的事物。

沟通启示

不论你从事的是什么行业，幽默的力量都能为你的工作增色。它能帮助你含蓄而豁达地表现自己，帮助你成功地与人交往和沟通，帮助你在逆境中将困难一一化解。在与他人交往的过程中，不妨适时使用一下幽默，相信定能达到你想要的交流效果。

幽默，让气氛更加活跃

如果在沟通的过程中彼此之间遇到比较沉寂的状态或者是转换话题的时候现场比较尴尬，这时候，恰到好处地幽默一下不仅能够打破沉闷的气氛，还会使你在别人眼里留下深刻的印象。谈话时，如果能够成功地以幽默应对突如其来的变化，就能在他人心中更好地树立一种机敏睿智、充满风趣的形象。

2009年6月2日，新东方掌门人俞敏洪应邀来到同济大学演讲。俞敏洪看看大屏幕上自己的巨幅头像，微笑着戏谑说："没想到同学们把我如此'高大'的形象放在大屏幕上，这就是理想与现实的差距（场下一片笑声）。我相信同学们看到我的第一眼一定感到非常失望。实际上，每一个人都是非常普通的，我们会发现生命中非常重要的东西跟我们未来的幸福和成功其实没有太多的联系。比如说相貌。如果说一个人的相貌和成功有关，那就不会有马云和阿里巴巴，因为如果在座的同学认为马云长得好看，那一定是审美出了问题（场下哄堂大笑）。当然，这并不意味着相貌好看的人就做不成事情。比如说，大家熟悉的百度老总李彦宏，他就英俊潇洒，所有的照片看上去都像电影明星一样，但是他也取得了成功。所以不管相貌如何，都能取得成功。只不过马云和李彦宏坐在一起吃饭的时候，他们通常不太愿意坐在相邻的椅子上，因为两个人的对照到了惨不忍睹的地步（场下掌声、笑声不断），解决的方法就是把我放到他们两人中间，起到一个过渡的作用（场下又是一阵大笑）。”

幽默是活跃气氛的一种好方式，如果你感到场面有点尴尬，或者说气氛没有达到你的期望，那么你就要开动脑筋，用幽默风趣的话语带动现场的气氛，这样你才能与他人进行良好地沟通。在沟通的过程中，气氛是非常重要的一部分，如果现场气氛非常压抑，你就很难达到很高的沟通效果，那么如何用幽默带动一种活跃的气氛呢?

1.幽默要恰如其分

在社交场合，谈笑要特别注意恰如其分，因地、因时均应适宜。如果大家正聚精会神地研究讨论一个具体问题，而你突然在这时插进了一句全无关系的笑话，不但不会令人发笑，反而让人觉得无趣。这样的行为又怎能调动起活跃的气氛呢?

2.表情、神态要到位

无论是主人还是客人，都有责任把活跃的气氛带进各自谈话的场合。当你与他人开始沟通的时候，千万不要让冰霜凝结在脸上，须知一个面带愁容的人绝不会受别人欢迎，所以最好是神态自若。神态自若是难得的心理平衡的体现，它包含了面对自己的勇气与信心和对别人的宽容与真诚。

3.就地取材

善用幽默，我们就要懂得就地取材，让大脑迅速搜集周边信息，融合成自己需要的东西呈现给对方，这一点需要很多的经验积累，当这种能力形成的时候，我们对于幽默才能的掌握就更为牢固了。

沟通启示

幽默的力量是属于你自己的，是你和你在人生中要扮演的角色所拥有的。这种力量能使人解脱，它使我们自由自在地表现自己，表达我们的想法，并表露我们的感受，而得以自由地去冒险，表现不平凡的作为，创造有意义的人生。

良好人际，从幽默起步

幽默能为你营造出一个良好的人际关系，是扩大你交际圈的良好方式。萨克雷曾说："可以说诙谐幽默是人们在处理人际关系时，所穿的最漂亮的服饰。"实际上，幽默不但可以像润滑油一样，滋润你的人际关系，还可以让你的处世更加圆融。

在人的生活、工作和学习中，会遇到各种各样的环境、各种各样的人，也会有各种各样的事。在当今的社交场合，由于环境的多变性，使人们更喜欢性格开朗的人。工作的压力使得人们从苦闷中去寻找各种解脱方法。假如身边有一个比较幽默风趣的人，那么我们压抑的心情自然会随之变得轻松许多。

凯蒂是一个部门经理，在公司里大家都挺支持与喜欢她，主要是因为凯蒂非常地善于用幽默的语言与大家沟通。她说话不仅不会得罪人，而且还能给手下职员一个委婉的提醒，让下属感觉到领导对他们的尊重。身为经理，凯蒂常常思考的问题是："我手下的员工到底喜欢我吗？"幸而凯蒂有幽默感，她开始把它发展为幽默口才。看看这件小事，就知道她的幽默口才是如何发挥的了。

凯蒂在去开一项业务会议回来后，发现她属下的职员们聚在办公桌旁，哼唱着张信哲的《过火》。由于凯蒂的出现促使大家匆忙奔回到自己的位置去工作。

凯蒂对此并没有皱眉头表示不悦，也没有大声责骂，只是说："看来大家的水平还有待改进啊，加油吧！"一句简简单单的幽默话语并不会引起大家的一阵大笑，但是大家都明白其中的意思，那么凯蒂的幽默也就发挥了很大的效果。凯蒂话音刚落，大家都用微笑接受了凯蒂含蓄的批评。"我这部门里的人真正地喜欢我。"她说："如果我喜欢她们，并能与她们一同欢笑，给她们所需要的，那么我也就能得到我所需要的——与她们每个人建立更好的关系。"

幽默能让人与人之间的关系更为和谐融洽，既然如此，在与人沟通时我们该如何巧妙的运用幽默拉近彼此的距离呢?

1.积累幽默素材

学习幽默，获取良好人际关系，首先要积累幽默的素材。如果你没有即兴幽默的能力，不如多看一些漫画和笑话，从中体会幽默的感觉，学习欣赏幽默，久而久之，不仅可以将看来的笑话运用自如，自己也可以自由制造幽默了。

2.说好幽默的开场白

说话通常的开场白有两种方式，一种是速成式，就是要在开场时立刻抓住听者的注意力；另一种是缓慢式，也就是先让听者了解你要讲些什么，然后再进入正题。无论用哪种方式开始与人交谈，幽默诙谐的开场方式都能帮助你顺利地进入了主题。所以，想要快速与对方建立联系，想要把沟通顺利地进行下去，你就要懂得运用幽默迅速吸引对方的注意力。

3.不断学习他人的沟通技巧

我们可以学习体会别人的幽默感，然后进行模仿。我们要时时敞开心扉，去接受各种不同的人和事物，这些人和事物会在我们的心中留下痕迹，成为幽

默的酵母。由于社交原因、政治兴趣、业余爱好等等，我们的生活中存在着许多社会团体。而这些团体则是当今社会上的人所聚集的小社会。在这些团体中，不论你只是其中的普通一员，或者担任委员、干事、总干事、主席等等，你都能从中学习他人的幽默力量，当你把这些东西融入到自己心里，那将使自己获益匪浅。

沟通启示

幽默是人际交往中的磁石，可以将你周围的人吸引到你身边来；幽默也是转换器，可以将痛苦转化为欢乐，将烦闷转化为欢畅，每个人都喜欢与机智幽默的人做朋友，而不愿意与忧郁沉闷、呆板木讷的人交往。

幽默沟通，你先要懂得尊重

我们看一下下面这个例子：

有一次，某公司的老总组织了一个大型聚会，很多公司的领导都参加了，李海也去了。但李海认识的人不多，于是他选了一个人数较多的圈子靠了过去。

李海首先跟旁边的女士自我介绍："你好，我是××公司的总经理。"

"你好。"女士点了点头，由于过去从未谋面，所以她向李海说道："感觉不太熟悉，我们应该没见过吧？"

"是的，这是我的名片，直接叫我李海就可以。"说完，李海恭敬地递上名片。

紧接着，周围的人开始互动起来，彼此递交各自的名片。

其中有个个头不高身材微胖的年轻人同样也给了李海名片，李海看了下那个年轻人的名片，只是一个小小的主管。

李海心想，既然仅是个小主管，那就没有太多的利益可图，得罪他没什么大不了的，既然这样，不如拿他开个玩笑活跃气氛。

李海看着年轻人印在名片上的名字，不禁笑了起来。

年轻人不知哪里出了问题，疑惑地问道："怎么了？"

"呵呵，我只是觉得名字好有意思。"李海笑着摇头说道。

周围的几个领导听到李海的言论纷纷凑了上来，都向李海问道："有什么问题呢？李海，你还会算命呀？"

"哈哈，不是的，我不会看命相，只是这个主管的名字有点意思，太直接了。哎，这里有女士，还是算了。"李海卖着关子，大家反而更好奇了。

"李海，你说吧，大家都成年了，没关系。"旁边一个男士起哄道。

"程波奇，这名字显得很威猛。呵呵，程先生整天都这么兴奋吗？呵呵'波奇'！"李海询问那年轻人。

话刚刚说完，年轻人满脸的尴尬，无奈地一笑。

周围的人开始还没明白，一会儿便都会意过来：哦哦，原来这样啊，是音相近，产生了谐音。

"是有点邪恶的意思。"一个男士甚至笑出了声，大家都意会了，笑开了。

李海看到气氛不错，一时得意忘形，接着又说道："波奇呀，你们有没有听过这个笑话，是关于胖子的？"

"是什么？"大家好奇地询问道。

"你们猜猜看，假如有个年轻人从20层楼落下来，会变成什么？"李海满脸笑意地问。

"肉泥？"一人回答。

“错。”李海摇头。

“变成厉鬼？”

“也不对。”

“那是什么呀？”大家等着李海揭开谜底。

“当然是变成死胖子，因为他死掉了。”

“哈哈。”虽然这个笑话本身很无趣，大家还是笑开了。

“大家再猜一个，什么东西有两只脚并且能叫你起床？”李海问大家。

“一定是公鸡喽。”一个女孩自信地说道。

“错。”李海摇头。

“否则呢？”大家都十分疑惑地看着李海。

“是妈妈。”李海说。

大家哄堂大笑。

李海成功地吸引了大家的眼球，只有年轻人程波奇感到不快，默默地站在一旁。不仅仅是因为名字的事，同样也因为那一则年轻人的笑话，让他强烈地感觉到李海在调侃他。

尊重他人是一个人最起码的道德品质，如果你连尊重都做不到，即便你调侃了对方博取了大家的欢笑，那么大家也不会从心底里喜欢你，因为大家心里都明白你是一个没有道德底线的人。所以，想要达到良好的幽默沟通的效果，首先学会如何尊重他人吧！

1.平等待人

很多人在沟通的过程中因为对方社会地位较低就给予不公平的对待，甚至看不起对方，拿对方开玩笑，这是不足取的。幽默是最讲平等的，只有把自己摆在和别人平起平坐的位置上，我们才能用幽默的语言和别人轻松地开玩笑，共同创造一种和谐、快乐的生活氛围。否则一切都是没有任何意义的。

2.不以伤害他人为前提

如果你在沟通的过程中不顾及他人的颜面和尊严，肆无忌惮地开玩笑，那么你就会变成大家眼里厌恶的人，相信没有人真心想和你交朋友。一个不尊重他人的人是不会受到他人尊重的，尊重是最起码的道德准则。不讲情面的冷嘲热讽，不分场合不分时间的挑逗，这不是幽默，是素质问题。大家一定要先搞明白什么是幽默，什么是讽刺，在拿别人开涮的时候其实就是在不尊重自己。

3.不要涉及别人敏感问题及隐私

每个人都有自己抵触的话题，我们如果不了解这个人，就不要为了所谓的活跃气氛而跟对方开玩笑，这样极易碰到别人的底线，这样的沟通不仅达不到目的，反而会让你失去一个朋友。此外，如果你跟对方很熟，你要注意保护好别人的隐私，不要以玩笑的形式肆意宣传，博取其他的欢笑，否则对方会对你怀恨在心。

沟通启示

幽默固然很重要，但毕竟不是生活的全部，也不是万能的。运用幽默只能是为了发展和谐的人际关系，为了自己或别人树立健康愉快的心理状态，为自己被别人了解和了解别人的作为。有了这样的出发点，在人际交往时，幽默的力量才是大有可为的。

化解尴尬，幽默就是一妙招

丘吉尔说过：“除非你绝顶幽默，否则就无法处理绝顶重要的事，这是

我的信念。”杰出的政治家就经常用幽默化解对手的攻击或一些不便回答的问题。丘吉尔任国会议员时，有位女议员十分嚣张。一天，她居然在议席上指着丘吉尔说：“假如我是你老婆，一定在你咖啡杯里下毒。”

狠话一出，人人屏息。却见丘吉尔顽皮地笑答：“假如你是我老婆，我一定一饮而尽！”结果，全场人士及那位女议员都哄堂大笑。寓讽于答，果然立刻化戾为祥。

丘吉尔不愧是伟人，懂得幽默是语言的绝佳润滑剂。丘吉尔有个习惯，一天之中无论什么时候只要一停止工作，就到热气腾腾的浴缸中去泡一泡，然后光着身子在浴室里踱步，一边思考问题，一边让身体放松放松。

1941年圣诞节期间，丘吉尔访问美国并被安排住在白宫。一天，丘吉尔又像往常一样泡在浴缸里，然后光着身子在浴室里踱步。当时，世界反法西斯战争进行得如火如荼。丘吉尔在思考着战场上的形势，以及如何同美国联手对付德国法西斯。想着想着，他已经忘了自己在什么地方，而且还是光着身子。

碰巧，罗斯福有事来找丘吉尔，发现屋里没人。罗斯福刚欲转身离去。听见浴室里有水响，便走过来敲浴室的门。

丘吉尔正在聚精会神地考虑问题，听见有人敲门，本能地说了一句：

“进来吧。”

门打开了，美国总统罗斯福出现在门口。罗斯福看到丘吉尔一丝不挂，十分尴尬，进也不是，退也不是，索性一言不发地站在门口。

此时，丘吉尔也清醒了。

丘吉尔看了看自己，又看了看罗斯福，急中生智地说道：

“进来吧！总统先生。大不列颠的首相是没有什么东西可对美国总统隐瞒的！”

说罢，这两位世界名人不约而同地哈哈大笑。

本来是一件非常尴尬的事情，在这样紧急的状况下，我们一般会感到束手

无策，可是丘吉尔却用幽默的语言化解了这一切。他的沟通方式不仅能使自尊心通过自我排解的方式受到保护，而且能体现出自己宽宏大度的胸怀。

朋友们，如果你遇到非常尴尬的场面，除了幽默，你还知道其他方法吗?

1.学会自我调侃

在公共场合或大庭广众之下，若一不留心地说错了一句话或做错了一件事，难免会出现令人尴尬的场面。这时，闯了祸的你肯定会有些局促、紧张、惶恐。不过，你大可不必掩饰自己的过失，更用不着转移目标，不妨放松心情调侃自己一番。通过对自己的善意攻击来消除对方的敌意，转移对方关注的焦点。这样做的好处是，能够不露痕迹地照顾到对方的自尊心，同时巧妙地使紧张的气氛得以缓和。

2.适当借题发挥

既然问题已经摆在了眼前，那就坦然面对吧。在简单的致歉之后立即转移话题，有意借着错处加以生发，以幽默风趣、机智灵活的话语改变场上的气愤，使听者随之进入新的情境中去。

3.待人真诚，避免自挖陷阱

沟通交流中的尴尬，有些是因自身缺乏修养，待人虚伪所引起的。例如，有的人说话不雅、唾沫四溅，一旦影响他人且被双方所知觉，就会使双方感到尴尬。其实，这些场面是完全可以避免的。

4.抓住时机，巧妙转移话题

当遇到较为敏感或不便回答的问题时，可以通过一个富有启发性的问题，或借助对方的某一句话，自然而然地转换到另一个话题上来，回避对方的问题。转移话题的时候要抓住时机，转移的话题也要有吸引力，这样对方才会被快速地导向新的关注点，尴尬的氛围也能快速消除。

沟通启示

化解尴尬，幽默是一种极为有效的方法，它能迅速将现场的气氛搞活，不仅远离了尴尬，还能带给大家新的乐趣。幽默是一种搞好人际关系的重要手段，不是所有人都具有的，幽默和个人的性格以及知识积累有关，要让自己能够在需要时幽默起来，平时就要多观察生活中的细枝末节并多积累他人的幽默。

一语双关，巧妙呈现你的机智

有这样一则民间故事：

伍阎王是个心狠手辣的财主，方圆几十里的穷人都不愿到他家里当长工。有一个放牛娃，被伍阎王逼着干这干那，活活地累死了。于是，伍阎王到四乡去雇放牛娃，找到了徐苟三。徐苟三只有12岁，父母去世，家贫如洗。明知伍阎王家是火坑，还是睁眼往里跳——活命要紧。

苟三来到伍阎王家，就提出要订合同。苟三说："依我五条，订了合同，我就给你家当长工，否则，这长工我不干。"

伍阎王问："哪五条，你说说看。"

苟三说："第一条，我不放黑牛。"

"这好办，我家三头牝牛都是黄的，这一条依你的。"伍阎笑着说。

"第二条，在你家里做活不转圈圈。"苟三认真地说。

伍阎王一听心里想，这不是光做活不偷懒吗，于是连忙点头。

"第三条，菩萨娃娃我不抱。"苟三说。

“恭敬神明，这当然好。”伍阎王忙说。

“第四条，打湿的木头我不挑。”苟三又说。

“行，我家的木头放在屋子里，湿不了。”伍阎王笑着说。

“最后一条是，今后要叫我‘活长久’。”苟三说完，又问，“你看行不行？”

伍阎王听后哈哈大笑，说道：“我家里就是要图个吉利，这个名字好。”

说罢一条一条都写进了合同里。第二天天没亮，伍阎王就在床上喊徐苟三去放牛。苟三抬头朝窗外看了一眼，又钻进被窝睡了。伍阎王见苟三不起床，便燃上灯，对苟三住的房间骂道：“小杂种，早起放牛是我家的规矩，还不赶快起来！”

苟三眨了眨眼说：“合同上不是说我不放黑牛吗？”

伍阎王说：“我家的牛是黄牛呀。”苟三指了指外面说：“门外黑洞洞的；黄牛牵出去，不就变成黑牛了吗？”伍阎王一时答不上话，只好让他等到天亮再去放牛。

中午苟三刚把牛放好牵回来，屁股还没挨到板凳，伍阎王就叫他到磨坊里去推磨，把驴子换下来歇息。

“合同里不是写得很清楚吗，在你家做活不转圈圈呀。”伍阎王只得又干瞪眼了。

到了晚上，苟三刚躺在床上，伍阎王的小老婆喊他去抱孩子。苟三说合同上写了，菩萨、娃娃不抱。伍阎王在一旁听了气得直吹胡子，知道上了苟三的当，于是对徐苟三说：“好啦，明天你放牛回来，别的事都不要你做，就早挑吃水晚挑粪吧。”

苟三点头答应：“我挑，我挑，只要用竹篾给我编两个桶。”

伍阎王气得骂道：“小杂种尽嚼牙巴骨，篾编的桶怎能挑水呢，家里不是有木桶吗？”

苟三慢条斯理地说："合同里不是有'打湿的木头我不挑'这一条吗？"

伍阎王这才知道订的合同原来都是说的双关语，占不到苟三的便宜了，只好忍气吞声，想着到年底再换人，把苟三辞了。

到了大年三十，伍阎王让账房先生给苟三结了账，赶他出去。苟三见满天大雪，又无家可归，便溜进了厢房躲了起来。待伍阎王一家在堂屋里祭祖宗时，他也走了进去。伍阎王见了，心中老大不悦，但又不便发脾气。祭祖后全家入席，苟三一把拉住伍阎王："东家，你不要活长久了？"伍阎王翻了他一眼，想说不要，但大年三十太不吉利，苟三看他不回答，又大声说："你家明年要不要活长久，好歹说一句呀。"伍阎王一看不说不行了，于是忙说："要活长久，要活长久。"

于是苟三从怀里摸出那张合同递上来，伍阎王只好在上面又签了一年。

双关是利用词语的同音或同义的关系，发挥其在特定语言环境中的双重意义，言此喻彼，巧妙地传递蕴藏在词语底层潜在信息的修辞手法。生活中我们经常说的双关语，即人们常说的"话中有话"。说好双关语可以让我们的话语达到含蓄委婉、生动活泼、风趣诙谐的效果，给人以意外之感，能使人回味无穷。所以，将其恰当运用于口语表达中，可以增添言谈话语的幽默感。那么，我们怎样做才能说好双关语呢？

1.发挥联想的作用

在辩论中，不仅要善于捕捉对方的隐衷、企图，更要善于发现对方的破绽、矛盾，抓住要害，一击即中，使之张口结舌、无言以对。同时更要充分发挥联想、模拟的作用，加大辩论力度。

2.要简单明了

使用双关语是表达两个意思，如果不是简单明了，让人一听就懂，就不会起到应有的效果。所以，在使用双关语的时候，一定要让大家听明白，否则不如不说。

3.了解双关语的构成

双关法作为辩论技巧，由“字面直言意义体”和“深层含义意义体”构成。前者主要是借助语义或语音的联系而产生；后者则要借助句子、环境、甚至全篇论述才能产生双关效果。后者含义一般是隐含在前者之中，正是这种含而不露、饶有兴趣的表达能给人以意外之感。

4.内容要高雅

在使用这一手法时，要坚持文明表达、以理服人的原则，格调高尚文雅，内容纯净正派，要以德胜人、以理服人，切忌粗俗低级。虽然丑陋不堪也有可能一时因口舌之利占到上风，但泼妇骂街式的所谓“双关”是令人不齿、十分不可取的。

沟通启示

一语双关，可以产生让入捧腹的效果。这种方法简单易学，还可以随时随地地发挥作用。所以，在与人交谈时，不妨开动脑筋，活学活用，只要认真揣摩，你就能发现生活中随处可以发挥幽默。

第 15 章
职场沟通小技巧：高速沟通游刃有余

》》》》》

在很大程度上决定职场成功与否的是你的沟通方式，高效的沟通可以让你的事业节节高升。现实题材的电影中或多或少地都会体现一些职场生存法则，要想做个职场达人，你必须掌握职场沟通技巧，多看、多学、多做、多说，职场沟通是一门学问，也是一门艺术。

面对上司，沟通学问知多少?

在职场上打拼的员工，如果与上司之间沟通不良，会成为其职业生涯发展中的一大障碍。所以与上司建立良好的人际关系就显得十分必要。只有保持与上司有效地沟通，产生良好的互动，方能有效地指导和帮助自己，提高自身工作的效率和业绩。

贾磊是个刚毕业的中文系研究生，来到了一家出版社做策划编辑工作。贾磊在工作上卓有成效，但有一阵子他觉得编辑部的经理经常对他的工作指手画脚。贾磊心中有很大的抵触情绪，仍然我行我素。然而，他始终没有和经理讨论过为什么他们会产生分歧。时间一长，经理也认为他对自己心有不服，便逐渐疏远贾磊。终于有一天，贾磊忍无可忍，扔下一张辞呈后，愤然地摔门而去。

在一家知名出版社上班一直是贾磊的很多同学所羡慕的，但是贾磊却失去了这样的一份好工作。现在他已经离开，开始寻找自己未知的天地。

可是，贾磊没有意识到，如果他跟下一位领导的关系还是很紧张，那么他是否还会摔门而去，另觅他处呢?

所以，不管你是什么样的职员，都要知道怎样让你的上司喜欢你、器重你、提拔你。想要获得这样的效果，你至少要注意和上司的沟通交流，具体可依照下面提供的建议去做。

1.了解你的上司

在职场中你需要经常跟上司打交道，想要很好的沟通，首先你必须充分了解你的上司。上司也是普通人，也有七情六欲，也有脾气、个性和偏好等等性格特点。你要学会根据上司的个性和处事风格有针对性地进行沟通，作为下属，要头脑聪慧、反应灵敏、做事爽快，才能赢得他的赏识。当你对对方有了一个较全面细致的了解之后，才能与上司步调一致，及时预测职场的风向。

2.学会主动沟通

面对上司，首先，态度主动十分重要。作为下属，要时刻保持主动与上司沟通的意识。上司工作往往比较繁忙，无法面面俱到，所以下属不要仅仅埋头于工作，还应该主动与上司沟通。这样不仅可以有效地展示自我，得到上司的肯定和器重，还能得到更多的发展机会和空间。

3.说话简练，突出重点

在与上司交谈时，一定要简单明了。对于上司最关心的问题要重点突出、言简意赅。如对于设立新厂的方案，上司最关心的还是投资的回收问题，他希望了解投资的数额、投资回收期、项目的盈利点、盈利的持续性等等问题。所以，你在交谈的过程中一定要把最重点的问题用精简的话语摆明，毕竟上司的时间还需要用来做其他更重要的决策。

4.表达不满，方法要合适

如果对上司所做的某项决定有不同意见、不满情绪，要采取适当的方式，冷静地与上司讨论这个问题。有时，讨论不同的意见也是相互了解很好的方式。如果和上司产生了矛盾，一定要想办法尽快去弥补；如果是误会，要尽快向上司解释清楚。

5.会听话音，注意弦外之音

在与上司沟通中，对于上司的意图一定要弄清楚，否则在执行时，会走弯路，甚至方向都弄反了。中国管理者比较含蓄，说话时往往有弦外之音，作为

下属，对于上司没有明确表达的意图，就需要反复试探了。

6.请教要讲求方法

在遇到关键问题时要多请示。工作中的关键地方是上司最关注的地方，作为下级应该掌握请示的一些技巧，不能凡事不论大小都请示，应该在工作关键的地方多多征求上司的意见。在请示时要根据不同的情况采取不同的方法，如当面请示、书面请示等。在向上司寻求帮助时，应选择在上司空闲时前去请教。最好事先想好几种解决的方法，请上司给予选择。这样，既可以体现下属的思考过程，也不至于让上司花费过多的时间与精力。

7.懂得适度恭维

每个人都希望得到他人的赞美，你的上司也不例外。但是赞美是有讲究的，赞美要真诚并真实。不要庸俗地去“迎合”领导，而要运用心理学规律与领导进行沟通，以便更好地处理上下级关系，做好工作。每个领导者都希望下属认同他、尊敬他。你要找出领导的优点和长处，在适当的时候给领导诚实而真挚的恭维。这样可以增进上下级之间的感情，方便工作的开展。

8.笑脸相迎，自信满满

试想一下，如果你的下属表情紧张、局促不安地对你说：“经理，我们对这个项目有信心。”你会不会相信他？你肯定已经从他的肢体语言上读到了“不自信”这三个字，同样道理，在你面对自己的上司时，要学会用你自信的微笑去感染上司，征服上司。

沟通启示

在职场中，你要学会珍惜你与上司之间的缘分，因为不管你愿意与否，他都已经存在于你的职业生涯中了。于是，尽快了解上司的为人，掌握他喜欢的工作方式，努力做上司最得力的助手，才是一个精明的职场人士最应该做的。

面对同事，沟通技巧是什么？

对于如何才能建立良好的同事关系，不少人则感到迷茫。他们往往抱怨自己运气不好，怨天尤人，认为自己工作的单位好人太少，无法与人进行满意的沟通与相处。却不想想自己的原因，自己说错了多少话？误听了多少话？错过了给你们之间的沟通机会，造成了多少障碍？

左航在某公司做销售，他为人比较随和，不喜争执，和同事的关系处得都比较好。但是，前一段时间，不知道为什么，同一部门的邢岩老是处处和他过不去，有时候还故意在别人面前指桑骂槐，涉及两人合作的工作任务也故意让左航做得多，甚至还抢了左航的好几个老客户。起初，左航觉得都是同事，没什么大不了的，忍一忍就算了。但是，看到邢岩如此嚣张，左航一赌气，告到了经理那儿。经理把邢岩批评了一通，从此左航和邢岩成了绝对的冤家。

同事之间如果关系不好，那的确是一件非常苦恼的事情。如果一直闹个不停，不仅影响心情，还会影响工作，所以一定要妥善处理好这份关系。若想在事业上获得成功，在工作中得心应手，就不得不深谙同事间相处的学问。以下几点大家不妨借鉴一下。

1.学会尊重

每个人都渴望得到别人的尊重，尊重别人也就等于尊重自己。所以，在与同事的接触中要牢记：不该问的话坚决不问，不该开的玩笑坚决不开，不在任何同事面前说三道四。对每一位同事都平等相待，千万不要因为对某个人有意见或看不惯，就不愿与其说话。

2.待人真诚

组织中任何一个人的工作都不可能是孤立的，工作要顺利进行并取得成

果，领导的信任固然重要，但同事的支持和合作也必不可少，而要取得同事的支持和合作，就必须坚持诚恳待人的原则。以诚待人是获取信任、取信于人的最好方法。

3.保持乐观和幽默

乐观和幽默最容易消除你与同事之间的敌意，更能营造出一种使人易于亲近的氛围，这样做不但有助于你与他人的沟通，还能同时消除工作中的疲惫感，那么，在同事的眼里，你就会更加容易让人接受。

4.少争多做

不要和同事争什么荣誉，这是最伤害人的，你帮助同事获得了荣誉，他会感激你的功绩和大度，更重要的是增添了你的人格魅力。要远离争论，对一些非原则性的问题，切忌去争什么你输我赢，否则其结果只能使双方受到伤害，百害而无一利。

5.说话要分清场合

在和同事沟通和交流的过程中如果不注意说话的场合、内容和分寸，往往容易招惹是非，授人以柄，影响自己的形象和与同事间的团结，给工作造成不利。所以，在与同事相处的过程中一定要把握好分寸，分清说话的场合，这样才能把话说到对方的心坎里，为自己创造融洽和谐的工作氛围。

6.妥善处理矛盾

同事之间发生矛盾是不可避免的，那么我们该如何处理呢？第一，不要激化矛盾。对于那些原则性并不是很强的问题，不必非要和同事分个胜负。第二，学会换位思考。与同事发生矛盾时，要学会站在他人的角度想问题，同时，多从自身找原因，主动忍让。第三，主动打破僵局。同事之间矛盾久了不仅伤感情还会影响工作，所以从大局考虑我们应该主动“破冰”，就算不是你的错，如果你主动示意，那么对方及其他同事也会对你另眼相看，佩服你的大度；如果是你的错，那就更应该主动道歉，表明自己的心意，这样误会才能尽

快解除。

7.不道人短、不耀己长

《弟子规》言："人有短，切莫揭，人有私，切莫说。"人非圣贤，孰能无过，在组织中，不要抓住同事的一点过错、短处不放。在与同事言谈时，夸耀自己的长处、优势和功劳不仅无益于形成良好的交谈气氛，还可能招致同事的反感。

8.少说话，多倾听

不要在办公室里唧唧喳喳地说个不停，这里不是表现你的演讲才华的地方。许多人急着想要别人了解自己，其实你应该把你的主要精力放在观察和学习而不是表现自己上。只有向你的同事请教工作上的问题，才会使自己得到提高；否则，你就将落后于他人。

9.多加赞美

能够看到同事身上的优点，并及时给予赞美、肯定，对一些不足给予积极的鼓励，这是良好沟通的基础。你要做"送人鲜花的人"，不要做"抛人泥土的人"。和颜悦色是人们交往的需要，你这样做了，就一定能受到同事欢迎。

沟通启示

我们无法否认同事关系是如此的重要：工作的成功离不开同事的并肩协作；很多难题在与同事的沟通中迎刃而解；与同事的公平竞争能带来动力和学习的机会，让你在工作中保持愉快心情。所以，想要与同事融洽相处，你需要懂得沟通的技巧。

面对下属，沟通艺术不可不知

沟通艺术是领导艺术中非常重要的一种。一个领导只有掌握了沟通艺术，才能成为一个好的领导。遗憾的是，很多领导与下属之间出现了沟通上的问题，这不仅对个人产生了很不利的影响，而且也阻碍了工作的顺利进行。所以，想要你的下属更有成效地完成你规定的任务，想要你的团队更加优秀，首先做一个有着良好沟通能力的领导吧。

陈洋是某个公司的业务员，刚办完一个业务回到公司，就被经理李亚叫到了他的办公室。

“陈洋，今天业务办得顺利吗？”

“很顺利也很成功，李经理。”陈洋兴奋地说，“我花了很多时间向客户解释我们公司产品的性能，让他们了解到我们的产品是最合适他们使用的，并且在别家再也拿不到这么合理的价钱了，因此很顺利就把公司的机器，推销出去一百台。”

“那很好”李亚赞许地说，“但是，你完全了解了客户的情况了吗，会不会出现反复的情况呢？你知道我们部的业绩是和推销出的产品数量密切相关，如果他们再把货退回来，对于我们的士气打击会很大，你对于那家公司的情况真的完全调查清楚了吗？”

“是的，该调查的已经都调查了。”陈洋兴奋的表情消失了，取而代之的是失望的表情，“我是先在网上了解到他们需要供货的消息，又向朋友了解了他们公司的情况，然后才打电话到他们公司去联系的，而且我是通过你批准才出去的呀！”

“你别着急呀，陈洋，”李亚讪讪地说，“我只是出于对你的关心才多问几句的。”

“是吗？”陈洋不满道，“你是对我不放心才对吧！”

作为领导，李亚的说话方式实在是过了点，对于员工的努力，他不仅没有鼓励和赞许，还持有一种怀疑的态度，这让员工的积极性受到了严重地打击，本来一件愉快的事情却因为他的说话变得非常被动。

其实，要想成为一个优秀的管理者，一个深受下属爱戴的管理者，你需要加强与他们的交流与沟通，需要给他们支持与鼓励，这样才能拉近彼此的距离，调动下属的工作积极性。

该如何有效地和下属进行沟通？我认为应该做到下面这几点。

1.等距离沟通

俗话说：“领导偏心，部属寒心。”有效的沟通应建立在平等的根基上，即要遵循“等距离”的原则。如果上司不能对下属一视同仁、公平对待，下属心中就会产生极大的消极因素，从而产生情绪抵触、消极工作的情况。总之，不搞亲亲疏疏，是沟通平等化、公开化的关键所在。

2.善用询问与倾听

询问与倾听的行为，是用来控制自己，不要以为自己是领导就可以侵犯他人权利。可用询问引出对方真正的想法，了解对方的立场以及对方的需求、愿望、意见与感受，并且运用积极倾听的方式去诱导对方发表意见，进而对自己产生好感。

3.恰当使用肢体语言

在倾听他人的发言时，还应当注意通过非语言信号来表示对对方话的关注。比如，赞许性的点头，恰当的面部表情，积极的目光相配合等。如果下属认为上司对他的话很关注，他就乐意向上司提供更多的信息；否则下属有可能把自己知道的信息也怠于向上司汇报。

4.适当授权给下属

下放一定的权力，又检查监督，才是明智的授权法。一个领导，即使他有再大的精力和才干，也不可能把组织所有的职权紧抓不放，事必躬亲。他总是需要把部分职权交给下属，让大家来共同承担责任。

5.对员工永远敞开你的大门

即使在会议结束之后，用心的下属也会时常有关于项目的新思想产生，此时他们的想法和建议非常有可能比会议期间的更成熟、更具可操作性，因此，有必要对员工始终敞开你的大门。

6.反馈要及时

当下属们未能及时得到反馈信息时，他们往往会向最坏处想，他们会认为自己的意见和建议得不到应有的重视。及时的反馈信息可以缓和由于谣言引起的关系紧张，及时报告和反馈信息能建立领导和下属的有力联系，还能防患未然。

7.多给鼓励和支持

有时候，赞赏的话比物质上的奖赏更能刺激下属的上进心。因为领导的表扬和鼓励，是对下属工作和价值的肯定，也能给下属更强的自信心。特别对于新入行的员工和自己的助手，领导一定要不时地给予赞赏。

8.公正批评，对事不对人

批评要客观公正，摆明事实，有理有据，批评应指向员工的具体行为而不是他的人格特征。如，一名员工多次上班迟到，就向他说明这一行为如何增加了其他人的工作负担，他有这种行为会影响整个部门的作风等，而不要一味地指责此人自私自利或不负责任。

沟通启示

与下属沟通是一门学问更是一门艺术，通过沟通你可以知道自己的下属在想什么，做什么，可以更好地协调工作和与下属之间的关系，有利于自己下一步计划的开展和实施。所以，要想做一个好上司。你必须要学会如何与自己的下属进行交流。

哪些话不该说，你知道吗？

步入职场后，如果你有口无遮拦的毛病，那奉劝你还是抓紧改掉吧！毕竟职场如战场，说一些不该说的话，触犯了职场“雷区”，后果将会不堪设想，轻者在同事、领导心中留下糟糕的印象，重者可能会被炒鱿鱼，影响职业生涯。所以，一定要把好你嘴边的门，不该说的话千万不要说。

有这样一个职场故事可以给大家提一个醒：

前段时间小琪的同事兼好友阿雨向她说起了一些关于自己职业生涯的计划问题，阿雨打算在现在的公司好好干，争取1年内达到自己的目标，到时候如果公司能够满足自己未来的要求，就继续留在公司发展，如果公司状况并不能达到自己的要求，就会选择跳槽，毕竟人往高处走嘛。

可这些知心话就在一次闲聊中被小琪告诉了金然，而且小琪并没有断章取义，她说这些的目的是为了表扬阿雨是一个很有远见、很有目标的女性，不像自己干了这么多年还是随波逐流，上司指到哪儿就打到哪儿。说者无心，听者有意，小琪对刚来公司的金然还不够了解，金然之所以要跳槽到现在的公司就是因为在原来的公司喜欢将别人的“八卦”以讹传讹，可以说是到处招惹是非。到了一个新的公司，换了一个新的环境。可依然恶习不改。

所以不久之后，关于阿雨要跳槽的消息就传得满天飞，就连小琪听到了都有些信以为真，以为阿雨找到了什么好机会，兴冲冲地找到阿雨问这件事。谁知道阿雨看到小琪头也不抬一下，露出十分厌恶的表情。当小琪问阿雨关于跳槽的事时，阿雨更是气得脸都绿了。

“你倒问我？我还要问你呢。不是你到处跟别人讲说我要跳槽吗？我什么时候说过那样的话？亏我还把你当做好朋友。那天跟你讲了那么多，你怎么能这样陷害我？眼看就要发年终奖金了，这件事都已经闹到主管那里了。本来今

年的表现不错，还指望年终能多发点儿奖金，这下全都泡汤了。谁会给要‘跳槽’的员工多发奖金？都是你干的好事！”

说完阿雨气愤地转头就走，可小琪却摸不着头脑了。自己根本不知道怎么回事。想了好半天才反应过来这一定是金然干的，因为自己只和她一个人说过。不过这时候后悔已经晚了。

这件事虽然并不是小琪造谣生事，但却不能说她是冤枉的，毕竟也要怪她自己乱说话。

虽然有时候自己是为了缓和气氛，拉近和同事的关系，不由自主地就多说几句。但这种方法实在不可取，即使关系再好，也不要很随意地和同事说一些隐私的事情。那么，在职场中如何分清哪些话是不该说的呢？

1.切忌鹦鹉学舌，人云亦云

如果你在办公室中，只会人云亦云、拾人牙慧，那么你就很容易被人忽视，你的地位将是可有可无的。不管你在单位处于什么样的职位，即使是最低等的小职员，也应该学会发出自己的声音，保持主见，敢于说出自己的想法，这样才能得到领导的赏识。

2.不要揭他人短处

朋友之间叫外号或是开开玩笑，是工作之余的逗乐，大家都会一笑了之，但是如果将同事的生理缺陷、生活污点等鲜为人知的短处当做笑料一一抖出，会严重伤害同事的自尊心。所以，和关系好的同事开玩笑时，一定要多考虑一下。

3.不交流薪水问题

首先，不做这样的人；其次，如果你碰上这样的同事，最好早做打算。当他把话题往工资上引时，你要尽早打断他，说公司有纪律不谈薪水；如果不幸他语速很快，没等你拦住就把话都说了，也不要紧，用外交辞令冷处理：“对不起，我不想谈这个问题。”有来无回一次，就不会有下次了。

4.少在人前进行自我炫耀

有些人喜欢与人共享快乐，但涉及你工作上的信息，譬如，即将争取到一位重要的客户，老板暗地里给你发了奖金等，最好不要拿出来向别人炫耀。只怕你在得意忘形中，忘了有某些人眼睛已经发红。

5.少谈论原来公司与现在公司的问题

如果你觉得原来公司更不错，也尽量少在现在公司讨论，毕竟你现在端的是新家的饭碗，这么不忘旧好总是不近人情。但也别以为喜新厌旧就好，如果你在现老板面前大谈原先老板的不是，情况只会更糟。他觉得你今天能这么议论原先单位，下次就会这么说现在的单位。

沟通启示

办公室是工作的地方，不是互诉心事的场所。虽然这样的交谈能够很快拉近人与人之间的距离，但心理学家调查研究后发现，事实上只有1%的人能够严守秘密。所以当自己的生活或工作有了问题，应该尽量避免在工作的场所里议论，不妨找几个知心朋友下班以后再找个地方好好聊。

参考文献

[1]卡耐基.卡耐基沟通的艺术与处世智慧[M].北京：中国华侨出版社，2012.

[2]姜维.完美沟通:机会是你说出来的[M].北京：机械工业出版社，2013.

[3]范晟晟.有效沟通的艺术[M].长春：吉林出版集团有限责任公司，2011.

[4]赵凡.语言沟通技巧[M].北京：中国言实出版社，2015.